SOCIÉTÉ DUNKERQUOISE
Pour l'Encouragement des Lettres, des Sciences et des Arts
(RECONNUE D'UTILITÉ PUBLIQUE)

LES CAHIERS
DE LA
FLANDRE MARITIME
EN 1789

Publiés avec une introduction et des notes

PAR

A. DE SAINT-LÉGER & PH. SAGNAC

Professeurs d'Histoire à l'Université de Lille

TOME II
2ᵉ Partie

SOCIÉTÉ DUNKERQUOISE | Alphonse PICARD & Fils
2, rue Benjamin-Morel | 82, rue Bonaparte
DUNKERQUE | PARIS

MDCCCCX

LES CAHIERS
DE LA FLANDRE MARITIME
en 1789

SOCIÉTÉ DUNKERQUOISE
Pour l'Encouragement des Lettres, des Sciences et des Arts
(RECONNUE D'UTILITÉ PUBLIQUE)

LES CAHIERS

DE LA

FLANDRE MARITIME

EN 1789

Publiés avec une introduction et des notes

PAR

A. DE SAINT-LEGER & PH. SAGNAC

Professeurs d'Histoire à l'Université de Lille

TOME II

2ᵉ Partie

SOCIÉTÉ DUNKERQUOISE || Alphonse PICARD & Fils
2, rue Benjamin-Morel || 82, rue Bonaparte
DUNKERQUE || PARIS

MDCCCCVIII

Appendice
Glossaire et Tables

APPENDICE

ANNEXE I

Cahier d'Angest en Saint-Sylvestre-Cappel

Nous donnons ici le cahier de la seigneurie d'Angest en Saint-Sylvestre-Cappel, qui aurait dû être inséré après le cahier de Saint-Sylvestre-Cappel, t. I, p. 68. Il nous a paru inutile d'en publier une traduction française : les articles de ce cahier se rapportent tous en effet à des demandes que nous avons rencontrées bien des fois. Il suffit donc d'indiquer par un mot, en note, le sujet de chaque article et de renvoyer aux articles analogues d'autres cahiers.

ANGEST en SAINT-SYLVESTRE-CAPPEL [1]

24 mars 1789, en la chambre des plaids de ce lieu, par devant Mathias Jaques Beek, bailly de la seigneurie.

66 feux.

Députés : Jean-François Wypelier, premier échevin ; Mathieu Cnapelynck, fermier.

---

[1] Le procès-verbal est en français, le cahier en flamand. Contrairement à ce qui a été fait pour les cahiers de Pitgam, de Warhem, etc., on n'a pas joint une traduction au cahier d'Angest.

Cortbegryp van clagten ende vertooningen gedaen door de onderschreven inwoonders ende gebruyckers der landen onder d'heerlychede van Angest geseyt Hondtschoot laeten [1] in Sinte Sylvestrecappel, casselrie van Cassel, ingevolguis d'ord[tie] van den hoog baillieu der conyncklyke bailliage van Vlaenderen tot Belle, als volgt.

1. — Al vooren vinden geraedig ende zeer profyttable dat het vlas die opgedaen is in Vlaenderen in t' toecommende niet meer en zoude uytgaen, maer wel het gaerne vermits het den ryckdom ende steun stoete is van ons lant. [2]

2. — Dat men voortaen geene hofsteden meer en zoude aeten breken, want, indien men daer aen niet en voorsiet, te vresen is dat er in corten tydt nog veele zullen gebroken worden, gelyck men self dagelyck ziet geschieden, wesende oorsacke dat veele fraeye lantslieden niet en vinden sich te connen stellen op een hofstedeken om hunne famillie deugdelyk ende eerlyck op te queeken [3].

3. — Bevinden dat de thiende heffers deser prochie van St-Sylvestrecappel, inde welcke onse heerlychede gelegen, is tin hoogsten pryse hunne thienden jaerlyckx verpagten, nogtans maer en betaelen den twalfsten pennynck tot acquitteren Koninck impositien ; niet laetende eenen doubel voorden aermen deser prochie, niet iegenstaende tot ouderhout van den welken, onse landen getaxeert zyn tot ontrent

---

[1] La seigneurie d'Angest en Saint-Sylvestre-Cappel était ainsi appelée parce qu'elle avait originairement appartenu à la maison d'Hondschoote. *Laeten* signifie *manants*. Cette seigneurie, qui avait une contenance de 640 mesures, était administrée par un bailli et 7 échevins, avec un greffier et un sergent.

[2] Interdiction d'exporter le lin; permission d'exporter le fil. Cf. Terdeghem (26).

[3] Contre le démasurage des fermes. Cf. Watou-France, *Articles par forme d'ampliation 1* (7) ; Zermezeele (12).

de drye ponden pars. uyt den gemete, diesvolgens versoucken dat in toecommende de ges⁰ thiende hiffers souden contribueren tot een vierde van de lasten van den armen ¹.

4. — Versoucken dat voortaen de coutters in de plongen souden mogen blyven, vermits de lantslieden grootelyckx gegeneert zyn om de zelve uyt en in te doen, ende maer om cleene redens geordonneert is geweest de selve te besluyten ².

5. — Bevinden dat de commisen of emploieerde grootelyck kosten ende ten cleenen proffittezyn ten zy op de frontieren van het Conynkryke ³.

6. — Versoucken dat ideren inwoonder gebruyk lyberlyck eene fusielle soude mogen hebben in syn huys, tot onzigte besanderlyck by nagte ⁴.

7. — Bevinden dat de landen zeer verschillig zyn in den prys van de pointingen, gelyck het blyckt uyt de pointingen op de landen deser heerlychede die bedraegen elf ponden vierthien schelle pod t' gemet, en dat de landen der heerlychede van Terdeghem paelende iegens de landen van onze heerlychede maer d'helft en betaelen als de gonne van Angest, en self zoogoet of beter zyn van boeren als die gonne van t' ger' Angest, om dese groote redens versoucken dat er een nieuw cadaster soude gemackt worden ⁵.

---

¹ Contribution des décimateurs à un quart dans les impositions des pauvres. Cf. Watou-France, *Articles par forme d'ampliation 1* (1) ; Winnezeele (2) ; etc.

² Coutres des charrues. Cf. Watou-France (22) ; Winnezeele (9) ; etc.

³ Contre les commis des fermes, inutiles si ce n'est aux frontières du royaume. Cf. Wemaers-Cappel (3) ; Quaestraete (28), etc.

⁴ Liberté d'avoir un fusil. Cf. Watou-France (13).

⁵ Demande un nouveau cadastre pour remédier à la disproportion de l'imposition sur la terre dans la seigneurie d'Angest et dans celle de Terdeghem. Cf. Steenvoorde-Marquisat (13).

8. — Versoucken grootelyck dat de issuen, die een odieus regt is, zoude geaboliert worden conformelyck aen t' gonne ten grooten blydschepe van het gemeente geschiet ouder het gebied van syne keyserlycke majesteyt [1].

Aldus versogt door de onderschrevene tot t'ger^e Angest, in wetcaemer ord^{ro}, denn 24e Maerte 17 negen en tachentig.

F.-M. Cnapelynck, J.-F. Wypelier, Pieter de Rycke, M.-L.-J. Van Neufville, Joannes Itsweire, Franciscus Jonghes, Cornelius Verknocke, Michiel van Neufville, L.-L. Ternynck, Antoners Willay.

ANNEXE II

Documents relatifs à la rédaction du cahier du Tiers=Etat de la Ville de Bergues

On trouvera dans cette annexe quelques documents, provenant des archives de Bergues [2], qui jettent un jour tout particulier sur le mouvement électoral dans cette ville et la rédaction du cahier du Tiers-Etat.

On se rappelle qu'à Bergues l'assemblée générale du Tiers-Etat devait être composée des délégués des différentes corporations. Le Magistrat, en tant que corps

---

[1] Suppression du droit d'issue. Cf. Hardifort (5) ; Wemaers-Cappel (6), etc.

[2] Ces documents, qui se trouvent dans des cartons non inventoriés, nous ont été signalés par M. le chanoine Looten, Président du Comité Flamand de France. Nous sommes heureux de lui adresser nos meilleurs remerciements.

constitué, aurait voulu, comme les corporations, envoyer un certain nombre de délégués à l'assemblée [1]. Dans cet espoir, les officiers municipaux ne s'étaient pas rendus à l'appel de leurs corporations respectives. Leurs prétentions n'ayant pas été acceptées, ils se trouvèrent réduits, par leur faute même, à ne prendre aucune part, ni directe ni indirecte, à la rédaction des cahiers.

Cependant, comme l'assemblée devait se tenir devant eux, ils essayèrent de prévenir les plaintes qui pourraient être dirigées contre leur administration en présentant aux délégués des corporations un projet de cahier rédigé d'avance. Mais l'avocat Bouchette s'éleva avec raison contre ce procédé qui était inadmissible. La discussion fut vive, mais Bouchette l'emporta. Les délégués des corporations décidèrent de rédiger leurs doléances sous sa direction. Nous avons déjà eu l'occasion d'observer [2] que le cahier du Tiers-État de Bergues ainsi rédigé résume très exactement les cahiers particuliers des habitants.

L'élection des 12 députés chargés de porter le cahier de Bergues au bailliage de Bailleul et de prendre part à la rédaction du cahier général du Tiers-État de la Flandre maritime, se fit également sous la direction de Bouchette.

C'était une défaite complète pour le Magistrat, qui ne manqua pas de se plaindre. Dans le *Procès-verbal de ce qui s'est passé à l'assemblée* (pièce 1), il présente les choses sous le jour le plus favorable pour lui. Mais ses prétentions étaient insoutenables. Les officiers municipaux firent cependant imprimer ce document, suivi d'une réponse aux articles du cahier, qui étaient dirigés

---

[1] Les officiers municipaux auraient même eu la prétention de voter à l'assemblée à titre individuel ; voir plus loin *procès-verbal*, pièce 1.

[2] Voir à l'introduction, t. I. p. LIII.

contre leur administration [1]. Déjà ils avaient fait paraître leur projet de cahier (pièce 2).

Bouchette n'était pas homme à laisser ce Mémoire sans réponse. Il publia une *Réponse au Mémoire pour les officiers municipaux de la ville et châtellenie de Bergues, concernant l'assemblée du Tiers-État de la ville*. On y trouve cette appréciation du cahier du Magistrat : « Dans le fait leur cahier contient beaucoup de bonnes choses, de vues excellentes : on le leur a dit. Mais à tout prendre c'est un ouvrage qui convient à la consistance actuelle des officiers municipaux qui désirent de continuer de travailler sur l'ancien pied et lequel, par cela même, ne peut convenir avec le désir qu'ont les habitans d'obtenir une réforme, une meilleure administration qui exclut les abus. C'est, si l'on veut, un bel habit, dont la façon ne va point à tous les corps. Cela est si vrai que lorsqu'on a demandé dans l'assemblée la communication du projet de ces MM., ils l'ont refusé, en disant que c'étoit une résolution passée en délibération. Ils vouloient que leur

---

[1] Cet imprimé, qui ne porte aucune indication d'imprimeur ni de lieu d'édition, se trouve aux Archives de Bergues, carton 3 non inventorié. Il a pour titre : *Mémoire pour les officiers municipaux de la ville et châtellenie de Bergues, concernant l'assemblée du Tiers-État de la dite ville*. Ce Mémoire a pour objet : « 1° de justifier, moins vis-à-vis de leurs concitoyens que vis-à-vis l'assemblée nationale et le gouvernement, qu'ils se sont occupés de la chose publique avec le patriotisme, le zèle, la réflexion, l'impartialité, la décence, que comporte un objet d'une considération aussi majeure ; 2° de repousser les attaques personnellement portées contre eux et leur administration par le préambule du cahier dressé par le sieur Bouchette et adopté par l'assemblée du Tiers-État de la ville de Bergues. » Au bas des p. 8-9 de ce Mémoire, on lit la note suivante. « Ce qui s'est si exemplairement pratiqué en ville s'est aussi exécuté dans plusieurs et la majeure partie des paroisses de la campagne. Le sieur Bouchette, soit par lui-même, soit par des émissaires affidés, munis d'un modèle de sa façon, a déterminé presque tous leurs cahiers. On sent que l'ascendant d'un homme instruit et rusé sur l'esprit faible et crédule d'une multitude qui ne l'est pas, doit lui avoir facilement fait obtenir tout ce qu'il a voulu. Mais ce qui paraîtrait incroyable, si on ne savait combien la crédulité est facile à maîtriser par l'intrigue, c'est que dans ces modèles et les cahiers, qu'il a été faire lui-même, les paysans qui ne savoient et ne pouvoient rien connaître du Cahier du Tiers-État de la ville en ont demandé expressément l'exécution. »

projet fût adopté en total. Il est évident que c'est encore pour cela qu'ils viennent de le faire imprimer, dans la confiance qu'il pourroit être adopté par l'assemblée générale [1] ».

Le Magistrat s'éleva contre cette allégation de Bouchette et affirma dans ses *Observations* [2] que « ce cahier... n'étoit, comme il a été observé, qu'un projet proposé à l'examen, à la discution et à la délibération de l'assemblée du Tiers-Etat et soumis à tels changemens que cette assemblée auroit jugé à propos d'y porter. Après la lecture, les officiers municipaux en ont proposé la discussion article par article, en exigeant seulement qu'en les traitant on écartât toute aigreur ou animosité; mais on s'y est refusé. »

Mais la discussion, qui aurait pu s'éterniser, n'avait plus d'intérêt. Le cahier rédigé sous l'influence de Bouchette avait servi à la rédaction, à Bailleul, du cahier général du Tiers-Etat de la Flandre maritime. Il n'avait pas été question du cahier du Magistrat de Bergues.

Pièce I

Procès-verbal de ce qui s'est passé à l'assemblée du Tiers-Etat de la ville de Bergues [3] :

L'an mil sept cent quatre vingts neuf, vingt quatre et vingt cinquième jour de mars, le Tiers-Etat de la ville de Bergues, convoqué audit jour vingt quatres, huit heures du matin, en l'hotel de ville, s'y est assemblé sous la pré-

---

[1] *Réponse au Mémoire....* imprimé in 4° de 14 p. à *Lille, de l'imprimerie de Léonard Danel, rue des Manneliers.* Archives de Bergues, carton non inventorié 3.

[2] *Observations sur la réponse au Mémoire des officiers municipaux....* imprimé de 4 p. in 4° long., sans nom d'imprimeur. Archives de Bergues, carton non inventorié 2.

[3] Archives de Bergues, AA. Carton 270.

sidence des officiers municipaux, pour, en exécution des ordres du roi..... procéder tant à la rédaction du cahier des plaintes, doléances et remontrances qu'à la nomination de ses députés, pour le porter à Bailleul, le 30 de ce mois, jour indiqué par ladite ordonnance.

Les officiers municipaux qui avaient cru, d'après la disposition des articles 28 et 30 du susdit règlement, pouvoir voter individuellement à cette assemblée, ou, au moins, d'après celle de l'article 26, à titre de corporation, pouvoir s'y faire représenter par députés, s'étoient abstenus de se présenter dans les assemblées des corporations respectives auxquelles ils tenoient, mais par une décision officielle de M. le Grand Bailly, du 20 de ce mois, qui ne leur est parvenu que dans le courant du 22, ils furent exclus de toute représentation à l'un et l'autre égard et renvoyés à leurs corporations respectives. Les assemblées de celles-ci et celle du Tiers-Etat non compris dans aucune corporation étoient terminées et l'assemblée générale du Tiers-Etat convoquée à ce jour vingt quatre. Par ce concours de circonstances les officiers municipaux ont été privés de toute espèce de suffrage, même de celui commun à tous les citoyens, et se sont trouvés réduits au rôle de spectateurs muets de l'assemblée du Tiers-Etat.

Cette assemblée s'étant formée, tous les députés, au nombre de trente huit, après avoir rapporté leurs pouvoirs, ont remis les cahiers particuliers des corporations qu'ils étaient chargés de représenter. Ce fait, les officiers municipaux, qui s'étaient à leur tour occupés de la chose publique, ont proposé la communication d'un projet de cahier général qu'ils avaient formé, pour en discuter ensuite particulièrement les articles, ajouter, retrancher, rectifier et délibérer. Lecture en aiant été faite, le s^r Bouchette, premier député de l'ordre des avocats, se levant, dit que « ce cahier étoit inconstitutionnel, calqué sur des faux principes, ne coupant pas le mal par sa racine, par conséquent inadmissible », et a fait lecture d'un mémoire écrit avec tout le fiel et l'amertume de l'envie et de l'animosité, portant tous les caractères d'un libelle inflammatoire, par lequel, en représentant ces officiers municipaux comme oppresseurs de tous les droits et déprédateurs des deniers de la commune, on dirigeoit contre eux différens chefs particuliers d'imputation, sur les *impositions* faites arbitrairement ; sur les *emprunts* levés sans objet d'utilité, sur les *octroys* partiellement expirés, sur les *réglemens* de police aussi illégaux qu'impolitiques, sur les *dépenses superflues*, parmi lesquelles on a articulé entre autres le droit de robe et les buvettes, sur l'entretien de *batimens* inutiles, comprenant sous ce titre ceux qui tiennent à l'état major, à la garnison, au service militaire, sur les *procès* inconsidérément entrepris et poursuivis sans intérêt pour l'administration, sur le rachat des offices municipaux et de ceux des jurés priseurs vendeurs des biens meubles, etc.

Sur la demande faite par le corps municipal, si ce mémoire qu'il disoit destiné à servir de préambule au cahier portoit le vœu de son ordre, il a été répondu que non. On a fait alors remarquer qu'il ne portoit pas non plus celui des corporations dont tous les cahiers étoient modérés, ne respiroient que l'harmonie et le bien ; que tout ce qui portoit une empreinte d'envie ou d'animosité ne pouvoit qu'influer désavantageusement sur la confiance publique et nuire au concert, à l'harmonie, à la réflexion nécessaires pour opérer le bien ; que l'objet bien ordonné de l'assemblée devoit être de s'occuper de la réforme des abus, sans s'attacher à dénigrer, à inculper injustement les administrateurs. Le corps municipal s'étant ensuite permis quelques observations sur le fond du mémoire et les imputations particulières, le sr Bouchette, affectant pour le corps municipal un mépris qu'il cherchoit à faire partager par l'assemblée, dit que « l'on diroit ce que l'on voudroit ; qu'il disputeroit s'il le falloit pendant quinze jours sans se départir de son opinion, que les officiers municipaux, accusés cumulativement sans cependant en voulloir à aucun d'eux en particulier, pourroient s'ils le jugeoient à propos se défendre ; que d'ailleurs l'assemblée des députés devoit jouir de toute liberté, et qu'on ne pouvoit en aucune manière se gêner dans la forme ou manière de traiter ces objets. »

La discussion qui, de la part des officiers municipaux, n'avoit eu pour objet que d'éclairer, aiant été ainsi interprêtée comme oppressive des suffrages, ils se sont imposés le silence le plus absolu. Quelques voix se sont élevées avec celle du sr Bouchette. Elles ont entraîné, à celles de quelques députés près, toutes les autres. Toute délibération sur le projet de cahier du corps municipal a été rejetté, le préambule du sr Bouchette adopté et cet avocat exclusivement chargé de la rédaction du cahier.

Cette rédaction s'est faite, pendant l'après-midi du vingt quatre et le lendemain, sous la dictée du sr Bouchette. On a remarqué que sur des observations auriculairement faites par un ou deux députés, il a obmis, en dictant son mémoire, quelques faits ou articles qui apparemment avoient paru avoir trop de véhémence et qui n'en avoient pas moins au matin fait leur effet. A la lecture du cahier, quelques-uns des députés s'étant permis quelques observations, conformes à celles précédemment faites par le corps municipal, le s^r Bouchette se permit de leur imposer silence et d'un ton assès impérieux pour obliger le bourgmestre, président de l'assemblée, à interposer son autorité ; de se refuser ensuite à quelques éclaircissemens sur quelques articles du cahier, par ce qu'à son avis les députés membres de corps d'artisans n'étoient pas faits pour les discuter ou les connoitre. Quelques observations qu'ont cru pouvoir se permettre encore les officiers municipaux n'ont point été mieux accueillies et toutes les délibérations qu'elles ont motivées ont toujours, ainsi que toutes les parties du cahier, passé, à celui de quelques députés près, à l'avis du s^r Bouchette, qui se trouvait le premier à opiner. D'après lequel, ledit cahier a été clos, arrêté et signé en double par tous les députés.

Ce fait, il a été procédé à la nomination de douze personnes pour, en qualité de députés, représenter le Tiers Etat de cette ville à l'assemblée générale du baillage. Elle s'est faite de la même manière, toujours d'après les indications du s^r Bouchette, et d'ailleurs exactement, à l'exception de deux qui, pour cause de santé ou autrement, s'en étoient dispensés, suivant et en ordre d'une liste, laquelle avoit été communiquée et remise aux officiers municipaux et concertée d'après le rapport qui leur en a été fait, et vérifié depuis, la veille de l'ouverture de l'assemblée, c'est-à-dire le vingt trois de ce mois, à une assemblée de tous les députés, qui avoient été convoquée au soir par quelques-uns d'eux à la conciergerie, où tous les points généraux du cahier, la manière de se conduire et le choix des députés pour le baillage avoient été en avance arrêtés et réglés.

Ladite nomination faite, les deux minuttes du cahier de plaintes, doléances et remontrances ont été remises audit s^r Bouchette, nommé premier député, et ensuitte le procès-verbal de l'assemblée du Tiers-Etat a été clos, arrêté et signé en la forme et manière ordonnées par le règlement, le vingt cinquième jour dudit mois de mars, dans l'après-midi.

De tout quoi par les dits officiers municipaux a été dressé le présent procès-verbal pour d'un côté faire connoitre à leurs successeurs comme à tous ceux qu'il pourra appartenir, la forme et manière dont les choses se sont passées à l'assemblée du Tiers-Etat de la ville de Bergues; de l'autre, pour conserver, en tant qu'il peut échoir, les droits du corps municipal qui, ainsi qu'il y est observé, n'a été admis à y être représenté à aucun égard ; et au surplus servir et valoir ainsi qu'il pourra appartenir.

Fait les jours et an que dessus.

VERNIMMEN.

Pièce II

Cahier des doléances, plaintes et remontrances Tiers-Etat de la ville de Bergues Saint-Winoc [1]

Lorsqu'après tant de troubles et d'orage, après tant de plaintes et de cris sur le triste état des Finances du Royaume et les secousses données au Gouvernement ; lorsqu'avec le retour du seul Ministre qui pouvoit réparer tant de maux de toute espèce, la bonté paternelle du Roi

---

[1] Imprimé de 21 p. in-4°. *A Lille, de l'Imprimerie de E. J. Henry, imprimeur de MM. du Magistrat et des Etats, rue d'Amiens.* Archives de Bergues, carton non inventorié 3.

daigne consulter toutes les classes de ses Sujets sur les moyens les plus efficaces, pour régénérer la Monarchie et faire disparoître à jamais tout ce qui a pu diminuer son influence et sa considération chez les dominations étrangères ; en un mot, lorsqu'aux expressions de ses désirs à cet égard, Sa Majesté daigne joindre celles peut-être plus précieuses, qui font connoître sa sollicitude et son amour pour ses Peuples ; est-il quelque cœur français qui ne s'épanouisse et qui transporté de tendresse et de joie, ne se sente animé du désir vif et sincère de seconder, suivant la mesure de son pouvoir, des vues aussi salutaires et dont il prévoit que le bonheur de tous ne peut manquer d'être le fruit ?

D'un bout du Royaume à l'autre, on voit toutes les Villes, toutes les Communautés, les Citoyens de tous les états, agités du même esprit, chercher à concourir avec le Roi, à réveiller la félicité publique. Le Tiers-Etat de la Ville de Bergues n'a pas attendu non plus l'exemple des Villes voisines pour s'exécuter sur ce point, et c'est avec autant d'empressement que de joie, qu'il saisit l'occasion de l'Assemblée des Etats-Généraux, pour, en se joignant au reste de la Nation, s'acquitter avec elle du devoir le plus sacré et plus cher à son cœur, celui de présenter à Sa Majesté les plus respectueuses assurances de sa reconnaissance et de sa soumission, de son amour et de sa fidélité.

Et de lui représenter très-respectueusement, que les Assemblées Nationales et leur consentement pour la levée des Impôts quelconques, tiennent imprescriptiblement à la constitution de la Monarchie Française ; que c'est en s'écartant de ces principes constitutionnels, que toutes les branches du Gouvernement son tombées dans le relâchement, et dans les abus et les désordres qui en sont la suite ; et pour concourir à les réformer, rendre à l'Etat toute sa force et son énergie, et au Souverain comme à la Nation, toute sa gloire, il propose avec la confiance la plus respectueuse à Sa Majesté :

<small>Gouvernement et Administration Générale de l'Etat.</small>

I. Que l'Assemblée des Etats-Généraux du Royaume, soit convoquée au moins tous les trois ans au mois d'Avril, pour connaître de l'état de la Nation.

II. Qu'à ces Assemblées Nationales, comme à celles des Provinces, il soit voté par têtes et non par Ordres.

III. Que tous les Impôts existans, en tant qu'inconstitutionnels puisqu'ils n'ont jamais été librement consentis, soient supprimés.

IV. Qu'il soit consenti à l'établissement des Impôts nécessaires pour remplir les besoins de l'Etat, soutenir la splendeur du Trône, le crédit et la gloire de la Nation, de manière à faire choix et donner préférence à ceux qui réuniront les avantages d'une perception plus égale, plus simple et plus facile ; à en borner la durée à trois années et à en fixer le mode et les conditions, pour prévenir toute espèce d'arbitraire.

V. Que toute espèce d'exemption pécuniaire en matière d'Impôt sera formellement révoquée et restera supprimée, et que la répartition en sera faite également sur tous les Sujets du Roi, comme sur toutes leurs propriétés.

VI. Qu'il soit procédé à une vérification exacte et non dissimulée des dettes de l'Etat, et pourvu à la sûreté de celles qui seront reconnues justes et légitimes.

VII. Que pour maintenir dans toute son intégrité la liberté individuelle des Citoyens, l'usage des lettres de cachet soit aboli ou du moins modifié, de manière à garantir de toute surprise et à en empêcher l'abus.

VIII. Que toutes atteintes à la liberté ou à la juridiction civile, trop souvent compromise par les entreprises de l'autorité et du pouvoir Militaire, surtout dans les Villes de garnison, soit sévèrement réprimées.

IX. Qu'il soit donné une liberté entière à la Presse, réglée seulement et modifiée de manière à ce qu'elle ne dégénère en licence, et à la renfermer dans les bornes au dela desquelles son objet deviendroit criminel.

X. Que la connaissance de toutes les matières fiscales ou autres, attribuée aux Commissaires de parties, soit révoquée ; icelle remise à l'ordre et aux Tribunaux ordinaires.

Que toutes Douanes intérieures et droits de Province à Province, qui tous pèsent d'une manière destructive sur l'agriculture et le commerce, soient supprimés.

XI. Que la Loi concernant l'inaliénabilité du Domaine soit révoquée, au moins quant aux rentes foncières de quelque nature qu'elles soient, dont le remboursement pourra être fait au denier quarante.

Cette portion assignée autrefois par la Nation pour remplir les charges, et successivement augmentée depuis à différents titres, paroît pouvoir être employée à son soulagement, aujourd'hui qu'elle fournit et supplée d'ailleurs par des impositions sur les propriétés et les consommations ; c'est une ressource nationale que l'excès des charges rend nécessaire et indispensable à mettre en usage, qui doit supprimer avec une partie des Loix fiscales, les vexations qui en sont la suite, et procurer par-là la liberté des propriétés foncières, un nouvel et principal encouragement à l'agriculture.

XII. Que le remboursement soit autorisé sur le même pied de toutes les rentes de pareille nature appartenantes à des Corps ou Communautés Ecclésiastiques ou Séculiers, ou à des Particuliers, sous les modifications et réserves propres à ne blesser point les droits de la propriété.

XIII. Qu'il soit donné des facilités pour convertir les biens féodaux en roture, avec la réserve d'une légère redevance ou autre convenable, pour maintenir et assurer les droits de la directe.

XIV. Qu'il soit avisé aux moyens d'arrêter les effets pernicieux de la mendicité, et pour la détruire dans son principe et par son motif, qu'il soit formé des établissements publics, propres à occuper les mendians valides et à procurer des moyens de subsistance à ceux qui ne le sont pas.

XV. Que si l'état des choses ne permet pas de rendre au Cultivateur, relativement à la chasse, toute la liberté que le droit naturel lui donne, au moins que les Capitaineries des chasses soient supprimées et les abus du droit de chasse réformés et réprimés.

XVI. Que pour saper l'usure dans ses fondements, favoriser le commerce, faciliter la circulation du numéraire réel et augmenter le fictif, il soit permis d'aliéner l'argent à terme comme à perpétuité, moyennant l'intérêt fixé par la loi, soit par voie de simple obligation à terme que le débiteur pourra devancer, soit par la voie de billet à ordre, payable à jour fixe, sans que dans aucun cas il puisse être permis de confondre l'intérêt avec le principal.

XVII. Que la vénalité des offices de judicature, principale source de tous les abus sur le fait de l'administration de la justice, soit irrévocablement supprimée, et les dits offices liquidés et remboursés sur le pied de leur finance.

Administration de la Justice.

XVIII. Que tous les Tribunaux d'exception soient supprimés.

Non seulement ils surchargent le Domaine, donnent lieux à des procès ruineux, mais distraient contre le vœu du droit national et particulier, d'ailleurs à la Flandre, les justiciables de leurs Juges ordinaires.

XIX. Que la régénération des Tribunaux soit combinée de manière à exclure toute attribution ; à rapprocher, par la multiplication des Tribunaux, les justiciables de leurs Juges ; à réduire les Offices à proportion de leur ressort, à n'admettre que des sujets dont la capacité et le mérite auront été reconnus par des preuves, des examens et par l'expérience, en raison de l'importance des fonctions qu'ils seront destinés à remplir ; à fixer et borner à deux, même pour le plus grand intérêt, les degrés de juridiction forcés en matière civile.

XX. Puisque c'est à la Nation à supporter les charges et impositions nécessaires pour parvenir à la suppression de la vénalité, à celle des Tribunaux et des Offices qui lui sont à charge, il est naturel de penser qu'elle pourra être substituée en partie aux droits attribués aux titulaires qui les avoient acquis, et réclamer en conséquence quelque influence sur le choix de ses Juges : influence qui, lorsqu'elle sera dirigée par la voie d'élection d'un nombre de sujets doués des qualités requises, et que cette élection sera confiée aux Etats ou Assemblées Provinciaux, des ressorts respectifs suivant l'ordre, à établir entr'eux proportionnellement à leur contribution dans l'impôt, ne fera qu'éclairer le choix de la Majesté Royale, à laquelle seule il appartient de les nommer : influence d'ailleurs, qui, en faisant féconder le germe de l'émulation d'un côté, ajoutera de l'autre à la confiance des justiciables, et par conséquent à la considération des Officiers.

Qu'en conséquence, vacance arrivant d'un office de Judicature dans les Tribunaux, il y sera pourvu par le Roi, sur une élection de trois Sujets, ayant les qualités requises par la Loi, qui sera faite et présentée à Sa Majesté, par les Etats ou Assemblées Provinciaux du ressort, suivant l'ordre à établir entr'eux.

XXI. Qu'il soit formé un code civil qui assujettisse à l'exécution littérale de la loi, et prévienne toute espèce d'arbitraire ; qui assure une justice bonne, prompte, la moins dispendieuse possible, d'un accès également facile à tous les Sujets du Roi ; qui fixe et mette un terme à la procédure ; réprime la témérité des plaideurs de mauvaise foi ; qui supplée à la négligence, à l'impéritie, et prévienne tout abus ou exaction de la part des Officiers des Seigneurs, sur-tout à la campagne, et interdise aux Seigneurs l'usage abusivement introduit de trafiquer des offices de Bailli, Greffier ou autres ; qui astreigne enfin tous les Tribunaux à énoncer dans leurs jugements les motifs de décision qui les ont déterminés. Cette énonciation doit porter les Juges à un examen plus exact, à une discussion plus sévère, et éclairer aussi bien le Juge d'appel que les Parties et le Public.

XXII. Qu'il soit également formé un nouveau code criminel qui fasse marcher au moins d'un pas égal le soutien de l'innocence et la punition du coupable ; procure aux accusés tous les moyens d'une défense légitime et publique, et à l'innocence opprimée une réparation convenable ; qui établisse une telle proportion entre le délit et la peine, qu'elle puisse concilier et remplir à la fois les vœux de l'ordre public et de l'humanité ; qui supprime au moins provisoirement la question préalable et prévienne toute espèce de flétrissure antérieure à la condamnation ; qui oblige enfin les seigneurs à s'acquitter, dans toute leur étendue, des devoirs et des charges attachés à leurs droits de justice.

XXIII. Qu'il soit procédé par un Bureau de législation, à établir à cet effet, à la révision des loix, pour, à l'exemple de ce qui a été fait avec tant de fruit et de succès pour les donations, testamens, etc., former et établir sur toutes les matières qui pourront le comporter, des loix générales et uniformes.

Qu'il soit pareillement procédé à la révision et à la réforme des coutumes.

XXIV. Le département de la Flandre-Maritime, démembré de la Province de Flandre, à l'époque des conquêtes de Louis XIV, a été maintenu par les capitulations dans ses constitutions, droits, libertés et privilèges. Il en a qui lui sont particuliers, très-différens, opposés même à ceux de la Flandre-Wallone : ces deux provinces, quoiqu'elles soient limitrophes et que les rapports de leur commerce et de leurs intérêts soient à quelques égards réciproques, sont régies par des loix, des constitutions, à plusieurs égards absolument disparates, et leur union sous un même régime, sous une seule Administration, ne peut être que préjudiciable au bien et aux intérêts particuliers de chacune d'elles.

Administration Provinciale et Municipale de la Flandre Maritime.

Qu'en conséquence, il plaise à Sa Majesté ordonner et établir des Etats particuliers pour la Flandre-Maritime.

XXV. L'Ordre du Clergé, avant la conquête et en vertu d'un décret du 20 mars 1597, rendu sur ses sollicitations, étoit aggrégé aux quatre Membres de Flandre, représentatifs de toutes les communautés de la Province, pour une cinquième voix, dans les accords des aides et subsides ; depuis la conquête, la régie, administration et répartition du Département ont été exclusivement confiées et exercées, par les Députés des Chefs-Collèges des Villes et Châtellenies, sans aucune réclamation de la part du Clergé, par la raison sans doute que son Ordre, ne jouissant d'aucune exemption, devoit contribuer et ne le pouvoit autrement, qu'en la même forme et manière que tous les autres citoyens.

Quant à la Noblesse, elle n'a jamais formé en Flandre, en fait d'aides, subsides et impositions, un Ordre particulier ni séparé du Tiers-Etat. Les Nobles, contradicteurs avec les Notables de toutes branches d'administration confiées aux Chefs-Collèges ou Municipalités des Villes et des Châtellenies admis dans tous les Corps Municipaux, participoient ainsi à l'Administration générale, et énonçoient un vœu commun avec le Tiers-Etat. Il ne paroîtroit donc exister aucune raison pour introduire à leur égard un nouvel Ordre.

Si cependant le Roi, dans sa sagesse, a déterminé d'appeller aux Etats de cette Province, les deux Ordres du Clergé et de la Noblesse, qu'il plaise à Sa Majesté composer ces Etats d'après les bases adoptées par son Règlement pour sa province de Dauphiné, et celles que pourront faire naître les lumières à acquérir par la tenue prochaine des

Etats-Généraux qui pourroient tendre à les perfectionner, et sans que jamais ni dans aucun cas, il puisse à ces deux Ordres, pour leur bien ou leur personne, être accordé aucun droit, privilège ou prérogative qui pourroit être contraire aux droits, loix ou usages de la Province.

XXVI. Que cependant les Chefs-Collèges, ou Municipalités des Villes et des Châtellenies, seront conservés et maintenus dans la régie, administration, répartition et perception des impositions dans leurs Districts respectifs, comme du passé, conformément aux placards et réglemens.

XXVII. Que les Collèges Municipaux choisiront chaque année, immédiatement après leur renouvellement, dans la portion la plus saine et la plus qualifiée de leurs habitans, un nombre de personnes notables, en raison double au moins de celui des officiers votans au Corps Municipal.

XXVIII. Que l'administration des dites Municipalités sera subordonnée pour les affaires majeures, et nommément celles relatives aux impôts, emprunts et nouvelles charges, à la discussion et à l'avis des dits Notables et des Députés des paroisses vassales, pour ce qui concerne les Châtellenies, et qu'il en soit annuellement, à époque fixe, rendu un compte public qui devra être arrêté sur les lieux par le commissaire du Roi, en présence des dits Notables et Députés ses vassaux, qui en seront les contradicteurs légitimes.

XXIX. Que la durée du service des officiers amovibles qui composent les Corps Municipaux sera fixée et bornée à trois années, sans pouvoir être continués à l'expiration de ce terme : à l'effet de quoi seront renouvellés en ordre d'ancienneté, par tiers chaque année.

XXX. Les Officiers Municipaux des Villes et Châtellenies réunissent en Flandre la double qualité de juges et d'administrateurs. Sous ce dernier rapport, qui emporte une représentation de la Commune, ils devroient être de son choix, et ne le sont pas. Sous le premier, exerçant tous les degrés de justice au nom du Souverain, ils devroient être par lui établis et nommés ; et c'est en effet le Souverain qui de tout tems a procédé à leur nomination par la voie des commissaires, dont la mission se bornoit à l'audition des comptes et au renouvellement des loix, sans aucune autorité ni surveillance d'ailleurs sur leur administration. Depuis la conquête cette mission a été invariablement confiée aux intendans, qui ont été en même temps établis juges et surveillans de ces mêmes administrations. Pour concilier, à l'égard des Municipalités, le droit du Souverain et celui des Communes, qu'importent les qualités réunies de juges et administrateurs.

Qu'il soit ordonné, que par les Officiers Municipaux en exercice, concurremment avec un nombre de Notables égal à celui des dits Officiers — à l'effet de quoi les dits Notables auront eux-mêmes à se réduire à ce nombre — il sera procédé à l'élection de trois sujets, ayant les qualités requises par les loix générales et par les règlements particuliers, pour chacune des places qu'il sera de question de renouveler, pour, par le commissaire du Roi, nommer ceux qu'il jugera à propos : vacance arrivant dans l'intervalle d'un renouvellement à l'autre, il y sera pourvu par la même voie d'élection à faire par les seuls Officiers Municipaux suivant l'usage, et la durée du service de celui qui aura été ainsi nommé expirera au terme de celui qu'il remplace.

XXXI. Que quant aux Offices de conseillers-pensionnaires et greffiers réunis aux Corps Municipaux, dont les Officiers ont été de tout temps en usage de disposer, il soit ordonné que, vacance en arrivant, il sera, par les Notables convoqués à cet effet, présenté trois sujets capables, dont l'un sera incontinent et sans déplacer, choisi et nommé par les Officiers Municipaux par scrutin, à la pluralité des voix.

XXXII. Que pour arrêter les poursuites souvent ruineuses pour des objets d'une importance légère, les Magistrats Municipaux des Villes et de Châtellenies assistés de cinq gradués, soient autorisés à juger en dernier ressort toutes les contestations de quelque nature qu'elles soient, qui n'excéderont pas cent livres de principal en demande, en valeur ou par la restriction de la partie. Leur attribuant à cet effet toute cour et juridiction nécessaires.

XXXIII. Le droit appelé de quatre Membres, qu'on s'accoutume à nommer très improprement droits de Domaine, sont des droits et des moyens de la Province dûs sur la consommation, accordés originairement au seizième siècle, et augmentés successivement par les quatre Membres de Flandre à titre d'aides et subsides. Dans la Flandre Autrichienne, ils appartiennent encore à la Province ; dans la Flandre-Maritime, le Domaine, à la conquête, s'en est emparé, et en a conservé la possession, malgré toutes les réclamations. On n'y a pas moins payé en entier les aides et subsides, par la voie des tailles et impositions ; ils sont non seulement d'une perception très onéreuse, mais par quelques-uns de leurs objets ils sont particulièrement à charge aux cultivateurs.

Depuis la conquête encore, la Flandre Maritime est devenue un pays d'imposition, et par dessus celles revêtues des formes de la vérification et de l'enregistrement, on y en lève plusieurs en vertu de simples arrêts du Conseil d'Etat : tels sont, 1° le subside ordinaire, 2° le subside extraordinaire, qui aux termes de l'arrêt du Conseil du 11 mai 1734, qui le fixe à deux cent onze mille huit cens livres, ne devoit avoir lieu qu'en temps de guerre, sans pouvoir être continué ni exigé sous quelque prétexte que ce fût, trois mois après la paix, dont cependant depuis 1764, on n'a pas discontinué d'ordonner chaque année la levée, ce qui oblige le Département à en obtenir, même en temps de paix, la remise et procure au gouvernement un moyen de réserver, sur l'avis de M. l'intendant, une somme plus ou moins forte, dont il est disposé en faveur de tel objet que l'on juge à propos ; 3° L'imposition pour la destruction de la mendicité, ordonnée par arrêt du 28 juin 1770, portant seize mille trois cent vingt-sept livres, dont la Province n'a éprouvé aucun ou très-peu d'avantage ; 4° celle pour la défense et sûreté des côtes, ordonnée par arrêt du 27 octobre 1778, portant trois mille cent trente livres, contribution qui n'a jamais eu lieu qu'en temps de guerre, et que cependant on a continué d'imposer depuis la paix de l'année 1783, qu'il n'y a pas eu des côtes à garder ni à défendre ; 5° L'imposition de six mille quatre cens livres, ordonnée par arrêt du Conseil du 30 mars 1770 pour être distribuée en gratifications aux subdélégués de la Province, sur les ordres particuliers de M. l'intendant.

Aucune de ces impositions, pas même celles qui ont été vérifiées et enregistrées, parce qu'elles n'ont point été librement consenties, n'est d'une perception légale ; car la loi du consentement pour la perception des impôts n'est pas seulement nationale, mais locale et particulière à la Province de Flandre.

Qu'en conséquence, les droits apellés des quatre Membres soient et restent supprimés, ainsi que tous aides, subsides et autres impositions de quelque nature qu'elles soient, qui n'auront point été consenties, ou par les Etats-Généraux du Royaume ou par les Etats particuliers de la Province.

XXXIV. Que le droit d'issuive ou d'escart, qui se lève à la charge des étrangers à la bourgeoisie, et qui consiste dans le dixième des biens, des successions, des aliénations et hypothèques, aux différents cas portés par les coutumes, déjà reconnu injuste par les modérations que les administrations en accordent réciproquement, déjà supprimé dans la Flandre Autrichienne, soit également supprimé dans la Flandre Maritime, pour n'avoir dorénavant lieu que vis-à-vis les étrangers de la Province, et seulement par voie de représaille.

XXXV. Que la bourgeoisie foraine, comme source d'incertitude dans une infinité de successions et de procès longs, frayeux et souvent inextricables, soit abolie, et les choses ramenées, à cet égard, à l'ordre et au droit commun.

XXXVI. Que les lettres-patentes du 13 avril 1773, qui assujettissent en Flandre les gros décimateurs aux réparations, reconstructions et entretiens des églises et presbytères, soit exécutées suivant leur forme et teneur ; et leurs dispositions étendues à l'entretien et logement des coûtres.

XXXVII. Qu'en rappellant en partie les dimes à leur ancienne destination, les gros décimateurs soient assujettis à contribuer lorsque les fabriques seront épuisées concurremment avec les communautés, à l'entretien et au soulagement des pauvres, dont le nombre et la multiplicité des besoins, singulièrement augmentés par l'excès de misère, forment dans leur résultat une charge devenue insupportable pour les communautés.

XXXVIII. L'usage de la peine des doubles frais par dessus celle des amendes, pour les réparations des chemins qu'il échet de faire d'office contre les défaillans, s'est conservé dans quelques endroits de la Flandre Maritime, entre autres dans la Châtellenie de Bergues ; il est d'une vexation singulière pour le cultivateur; ces réparations se faisant par les officiers fiscaux, qui profitent du double de ces frais qu'ils ont par conséquent intérêt à faire gonfler, et à l'égard desquels ils sont juges et parties à la fois.

Qu'en conséquence et pour obvier à cet abus, la peine des doubles frais soit abolie, et que les réparations des chemins qu'il écherra de faire d'office, soient faites sous l'autorité et l'inspection d'un échevin commissaire, à l'intervention d'un officier fiscal.

Administration et droits particuliers de la Ville.

XXXIX. Qu'au Corps Municipal de la Ville et de la Châtellenie de Bergues, réunis par décret du mois de novembre 1586, les Notables seront pris, la moitié parmi les habitans de la Ville et l'autre parmi ceux de la Châtellenie, et que les bourgmestre et échevins au nombre de quinze le seront, pour trois cinquièmes parmi les habitans de la Ville, et pour les deux autres cinquièmes parmi ceux de la Châtellenie : tous les dits tant bourgmestre et échevins que Notables, bourgeois domiciliés, ayant d'ailleurs les qualités requises par les loix du pays et les réglemens particuliers.

XL. Les octrois sont des levées de certains droits de consommation que les Villes et Communautés sont autorisées à faire sur elles-mêmes, c'est-à-dire, sur tous les membres qui la composent pour remplir leurs charges, tant celles qui se rapportent à leurs propres besoins, que celles qui se rapportent à leur contribution envers l'Etat ; il est naturel que tous les citoyens les supportent en raison de leur consommation qui, à cet égard, est en quelque manière représentative de leurs facultés ; et cependant le nombre des exemptions s'y est multiplié au point de les réduire peut-être à la moitié de ce que comporteroit leur véritable produit.

Qu'en conséquence toute exemption des droits d'octroi de la ville de Bergues sera supprimée et abolie.

XLI. Que l'éducation et l'instruction exercés aujourd'hui par le collège, soient désormais confiées aux religieux de l'abbaye de Saint-Winoc en la ville de Bergues, dont le zèle et le dévouement sont trop bien connus, pour ne pas se persuader qu'ils meurent de la satisfaction à remplir cet objet de bien public. Qu'en conséquence les bâtiments et terrain du collège soient employés en partie à un établissement en faveur des pauvres, et ses revenus à leur subsistance, conformément à leur ancienne destination, énoncée par les lettres-patentes d'érection avec fondation dudit collège du 23 Mars 1600, qui en cas de suppression ordonne le retour et l'application de ses biens au soulagement des pauvres.

XLII. La direction des écluses pour l'écoulement des eaux du pays, sans lequel la culture dans la Châtellenie de Bergues ne pourroit se soutenir, a de tout temps été confiée au Magistrat de la Châtellenie de Bergues, comme chefs de l'administration particulière qui se rapporte à la direction des eaux, de la manière qu'elle l'est partout ailleurs en Flandre, Brabant, etc. aux chefs des administrations respectives, qui remplissent dans cette partie avec connoissance du local et des circonstances, le vœu et l'intérêt du bien public. Vers 1763, en vertu d'un règlement particulier, la direction des écluses principales leur a été retirée et attribuée, sous le prétexte du service du Roi, aux officiers du Corps-Royal.

On peut occasionner par des fausses manœuvres pour cent mille écus de dégât dans ce pays, avant qu'on ait pu faire parvenir des plaintes, soit au directeur soit au Gouvernement.

Qu'en conséquence la direction des écluses pour l'écoulement des eaux du pays, soit remise et confiée, comme avant 1760, au Magistrat de Bergues, sous la réserve de faire exécuter, sur la réquisition de MM. les officiers du Corps-Royal du génie, les manœuvres que le service particulier du Roi pourront rendre utiles ou nécessaires.

XLIII. Que les charges relatives à l'état-major, à la garnison et service militaire, soient distribuées et fixées d'une manière qui les rapproche de leur objet, et qui, en soulageant les Villes qui en sont écrasées, fasse supporter par l'Etat, une dépense qui se rapporte à la défense du Royaume contre ses ennemis ; qu'en outre la distribution des garnisons soit faite en raison des charges et contributions militaires dont les Villes sont ou resteront à cet égard chargées, (surtout celle de Bergues, très inégalement partagée à cet égard, puisqu'avec toutes les charges pour deux bataillons, qui s'élèvent annuellement à plus de soixante mille livres, elle se trouve depuis quelques années souvent réduite à moins d'un seul) pour procurer à leurs habitans par les consommations, des moyens d'indemnité et de subsistance.

XLIV. Qu'en vertu de la protection que le Gouvernement doit à la navigation et au commerce, le droit d'une navigation libre à la mer, assuré à la Ville de Bergues par le droit des gens, l'ancienne possession, un arrêt du conseil, des décisions ministérielles, puisse être exercé dans le canal de Bergues, avec toute l'étendue qu'il peut comporter, comme objet secondaire et toujours subordonné à la manutention et à l'écoulement des eaux du pays, et participer surtout relativement au sel, à tous les avantages accordés aux ports et havres du Pays Conquis.

XLV. Que l'arrêt du conseil du 3 Mai 1777, concernant les Monts-de-Piété, qui, parmi plusieurs dispositions propres à rendre ces établissements plus utiles, a ordonné que les conseillers-auditeurs, au nombre de quatre, seroient nommés par les officiers Municipaux ; qui, quoique envoyé à Bergues, n'y a pas été mis en exécution, y soit exécuté pour le Mont-de-Piété de ladite Ville, suivant sa forme et teneur.

Ce cahier qui n'était qu'un projet, a été présenté par les officiers Municipaux, à la discussion et à la délibération du Tiers-Etat de la Ville de Bergues, assemblé le vingt-quatre Mars mil sept cent-quatre-vingt neuf.

Témoin Conseiller-Pensionnaire, Greffier de la dite Ville et Châtellenie.

VERNIMMEN.

ANNEXE III

Documents relatifs à la rédaction du cahier du Tiers-Etat de la Ville de Dunkerque

On trouvera dans cette annexe les documents suivants :

1º *Le cahier de doléances pour le corps des porte-sacs de la ville de Dunkerque*. Nous avons dit dans l'introduction (t. I. p. XL) que le Magistrat de Dunkerque « réussit à » faire disparaître les cahiers particuliers des corporations » de métiers ». Depuis, nous avons retrouvé aux Archives de Dunkerque (carton 558) le Cahier des porte-sacs, qui dût de ne pas être détruit à ce fait qu'il était rédigé à la suite du procès-verbal de l'élection des députés de cette corporation, et qu'il était indispensable de conserver les procès-verbaux.

2º Un extrait du *Registre des délibérations du Magistrat de Dunkerque*, nº 37, p. 159, rendant compte de l'Assemblée du Tiers-Etat.

3º *Les Idées des doléances de la ville de Dunkerque*, dont l'auteur est l'avocat Poirier. Elles avaient été imprimées avant l'assemblée des délégués des corporations.

4º Un cahier fait par le syndic de la communauté des maîtres barbiers, perruquiers, baigneurs et étuvistes, pour cette corporation. Il se trouve aux archives de la ville, dans le carton 475, renfermant les papiers de cette communauté. Il n'est pas signé et n'a probablement pas été remis à l'assemblée du Tiers-Etat en l'Hôtel-de-Ville.

5° *La Lettre au Roi adressée à S. M. par les dames du Tiers-Etat de la ville de Dunkerque* ne porte pas de signature, mais pourrait bien être de l'avocat Poirier. On verra comment l'auteur de cette brochure dénonce la conduite du Magistrat de Dunkerque, désireux, comme ceux de Bergues et de Bailleul, d'étouffer les plaintes portées contre son administration.

Pièce I

Cahier de doléance pour le corps des porte-sacs de la ville de Dunkerque.

Le 18 mars 1789, en assemblée des porte-sacs, tenue dans leur chambre.

122 membres dans la corporation, y compris le doyen Henry Alexis Toreille.

Députés à l'assemblée à l'hôtel de ville : Henry Alexis Toreille et Charles Février.

Extrait du Règlement des salaires du corps de métier des porte-sacs de la ville de Dunkerque, du 1er avril 1749.

Charbons : pour chaque rasière de charbon de terre que les porte-sacs porteront du port à l'extrémité de la ville.. 5^s 6^d

Sel : pour chaque rasière de sel de telle qualité qu'il puisse être qu'ils porteront du port à l'extrémité de la ville.. 3^s 6^d

Bled, orge, légumes, etc : pour chaque rasière qu'ils porteront du port à l'extrémité de la ville........ 3^s 6^d

Sacs de grains venant de l'étranger par des voitures :

pour chaque sac de grains qu'ils porteront du charriot au magasin pesant 280¹.......................... 1ˢ 6ᵈ

Observations

1. — Qu'il n'y a que, dans la ville de Dunkerque, sept corps de police qui payent la solde des miliciens, qui consiste à trois livres par semaine pour chacun desdits miliciens, chose extraordinaire au bien des dits corps, vu que les villes circonvoisines payent les miliciens en commun.

2. — D'accorder une augmentation des sallaires audit corps des portes-sacs, vu que depuis l'année 1749, les denrées, loyers, etc. se sont augmentés de la moitié et que la ville se grandissime de jour en jour.

[pas de signature].

Pièce II

Extrait du registre des délibérations du Magistrat de Dunkerque (n° 37, p. 159).

Le mardi 24 mars, à 8 heures du matin, le Magistrat s'est assemblé en robe, où tous les députés des différentes corporations se sont rendus... Les fonctions des magistrats se sont bornées à la simple présidence, sans avoir en façon quelconque voté ni pour la rédaction des cahiers, non plus que pour la nomination des 24 députés que la ville de Dunkerque donnoit : grandes difficultés se sont élevées parmi les députés pour la rédaction de leurs cahiers ; ils se sont permis d'attaquer très induement l'administration des municipaux, qui n'ont rien dit et ont observés le plus morne silence. Cette assemblée a été reprise pendant trois jours, depuis 8 heures du matin jusqu'à 9 heures du soir.

Au troisième jour, on a procédé à l'élection des 24 députés, c'est-à-dire par un député à la fois. Il y avoit 24 feuilles pour recueillir les voix et cellui qui réunissoit la pluralité fut proclamé député.

Piéce III

Idées des doléances de la Ville de Dunkerque.

Solve Fasciculos deprimentes, dimitte eos, qui confracti sunt, libros, et omne onus dirumpe. Isaï, Pro. 58-6-8.

Déchargez de leurs fardeaux, ceux qui en sont accablés ; rompez le joug de l'esclavage, et brisez les fers. Isaïe, Pro. 58-6-8.

Par Me POIRIER, citoyen, et avocat à Dunkerque.

Quoi ! tandis que de toutes parts la France retentit des noms sacrés de Patrie, de Justice, de réformes ! que dis-je ? dans le moment où les autres Provinces et que des Voisins(A) vous démontrent avec l'énergie, qui leur est propre, les abus de leur Constitution, sans doute beaucoup moins vicieuse que la vôtre ; vous restez tranquilles, et vous ne faites point d'efforts pour achever de rompre vos chaînes chargées de la rouille du tems. Sortez, Mes chers concitoyens, sortez de votre léthargie ; n'apportez pas dans l'Assemblée Nationale le lâche silence de la servitude, et la corruption de la crainte. Fiez-vous surtout à votre Souverain, le Père de ses peuples, et au second Sully. Il est impossible qu'on vous refuse une Constitution nouvelle, ou du moins semblable à celle des célèbres édits des mois d'Août 1764 et Mai 1765. Car depuis ce tems, vous avez vécu sans en avoir. Soyez sincères ; reconnaîssez vos fautes, si vous voulez les réparer : ne vous laissez pas intimider

---

(A) Les courageux Lillois.

comme des enfans par ces hommes revetus des noms formidables et armés du Sceptre de fer ; ces hommes, frêles Rozeaux, ne peuvent plus au pied du Trône étouffer vos doléances, le masque leur est arraché, ils restent confondus, et vaincus par la vérité.

Loin de moi toute animosité personnelle, et l'idée de souffler le feu de la discorde parmi vous : je dévouerais ma tête, si jamais les mots de révolte et de dissentions, pouvaient sortir de ma bouche, sinon pour les détester. J'affirme que je vous apporte un zèle aussi pur, et aussi désintéressé que celui que j'ai développé pendant les dernières hostilités, dans nombre de travaux qui ont mérités le suffrage du Gouvernement et celui de plusieurs d'entre vous,(B) mais de quoi s'agit-il ici ? de vous ranger sous les

---

(B) Primo. Mémoire établissant l'ensemble des griefs des armateurs de Dunkerque, contre les smogleurs armés de Flessingue, soutenu des pièces justificatives, et moyens d'arrêter le cours de leurs pirateries. Envoyé le 12 Janvier 1779.

2° Mémoire concernant les inconvéniens de recevoir les smogleurs à Dunkerque pendant les hostilités, avec des notes instructives. Envoyé le 19 mars dito.

3° Mémoire sur l'avantage idéal que Dunkerque retire du commerce du smoglage pendant les hostilités. Envoyé le 15 mai dito.

4° Nouvelles instructions sur le commerce des smogleurs avec des réflexions. Envoyé le 31 mai dito.

5° Mémoires sur les abus de la rançon, sur lequel sont intervenus les arrêts du Conseil des 11 octobre 1780 et 30 août 1782 qui l'ont abolie. Envoyé le 11 novembre dito.

6° Entretiens à Versailles avec M. De Sartine, des 2, 4, 6 et 7 mars 1780, sur différens objets concernant la Marine.

7° Mémoire à l'effet de rendre les armateurs Français, armant sous pavillons et commissions américains, injusticiables des juges de leur domicile, qui a donné lieu à la lettre du roi à Mgr l'Amiral le 10 août 1780 et à celle de Mr De Sartine, à l'Amirauté de Dunkerque, le 11 du même mois. Envoyé le 20 mars 1780.

8° Mémoire sur le réglement des parts aux prises, qui a motivé l'arrêt du Conseil d'Etat du Roi, du 15 décembre 1782, pour en réformer les abus, à la suite duquel se trouve l'avis des armateurs de Dunkerque. Envoyé le 27 décembre dito.

9° Et finalement conférence sur l'inexécution de 22 articles des loix relatives aux armemens en course. Envoyé le 24 juillet 1782.

Tous lesquels ouvrages j'ai eu l'honneur d'adresser tant aux Ministres qu'aux chefs d'administration de la province, de qui j'ai reçu les lettres les plus flatteuses, qui m'ont suffies de récompenses. Si quelqu'un d'entre vous, mes chers concitoyens, doutoit de la vérité que j'avance, j'offre la communication de mes travaux, mais à condition que vous usiez d'indulgence et d'égards en faveur de mon âge, puisqu'en 1779, je n'avois que 27 ans, étant né en cette ville le 17 novembre 1752.

volontés bienfaisantes de votre auguste Monarque ; n'en jamais prononcer le nom qu'avec respect et vénération ; réclamer son amour paternel ; vous rendre dignes du nom de ses enfans ; vous montrer dévoués au salut de l'Etat ; de lui obéir plutôt qu'à des préjugés envenimés et à vos coûtumes pernicieuses ; de fléchir devant l'autorité légitime, mais en vous relevant fièrement devant le pouvoir usurpé, en un mot, il s'agit de vous montrer hommes, citoyens, sujets et chrétiens.

Prouvez en effet, prouvez, il en est tems, vos doléances, mes chers citoyens, elles se présentent en foule, voici celles qui m'ont frappées dans un examen rapide, sur lesquelles je me suis permis quelques réflexions sommaires, et dont vos députés choisis avec cette liberté de suffrages, strictement recommandée par l'arrêt du Conseil d'Etat du Roi du 25 février dernier, doivent s'occuper.

Tout vous assure qu'ils seront remplis de cet esprit de confiance, et de patriotisme, qui fera servir à la gloire et à la prospérité de l'Etat, la plus grande de toutes les forces, l'union des intérêts, et des volontés ; qu'ils s'occuperont de demander, après que ces députés auront consenti l'établissement d'une règle constante dans toutes les parties de l'Administration et de l'Ordre Public, attendu que ce bon Roi, a promis de conserver à ses peuples le caractère le plus cher à son cœur, celui de conseil et d'ami, en écoutant favorablement les députés de cette auguste assemblée sur tout ce qui pourroit intéresser le bien de son royaume, malgré encore que Sa Majesté par l'arrêt du Conseil du 2 Mars présent mois, vous ait promis, mes chers et zélés concitoyens, de confier, après la clôture des Etats-Généraux, la Flandres Wallone et la Flandres Maritime à un seul et même corps d'Etats, sous le titre des Etats Généraux de la Flandres ; espérons, dis-je, que ces zélés représentans demanderont, soit à l'Assemblée Nationale ou à Sa Majesté elle-même, les objets suivants :

I. — *L'execution irréfragable des célèbres Edits des mois d'Août 1764 et Mai 1765, ensemble l'arrêt du Conseil du 6 Septembre 1767.*

On ignore par quelle fatalité l'exécution de ces loix sages pour la province a été suspendue par le fait d'une simple lettre ministérielle, qu'on consulte les habitans désintéressés de la ville, il n'est personne d'eux, qui ne bénisse le moment où ces loix renaîtront.

II. — *La revision des comptes de la Ville, depuis la suppression des dignes notables.*

Comme on assure qu'ils ne sont point conformes à l'esprit d'économie et de sagesse exigés par l'arrêt du Conseil du 6 septembre 1767, ce moyen est le plus sûr pour parvenir aux restitutions, s'il y a lieu, d'après l'examen qu'en fera le comité des Notables à dénommer. Si ce moyen devient infructueux, au moins la commune sera-t-elle à même de connaître de quelle manière ses deniers ont été employés, et d'après une étude sérieuse, éclairer ses habitans, et guider ses successeurs.

III. — *La suppression des Conseillers pensionnaires.*

C'est un abus qui n'échappera pas à la sagacité des notables, comme membres absolument inutiles et dispendieux. Il est à présumer que les notables de 1789 ne penseront pas différemment que ceux de 1767, qui les avoient supprimés. Les mémoires des zélés citoyens et magistrats de ce tems existent dans les archives de la Cour, qui les ont toujours dépeints comme de vrais despotes. D'ailleurs nous sommes dans un siècle éclairé, où les juges sont sensés n'avoir besoin d'aucun guide ; s'ils n'ont pas la connaissance requise des loix, c'est un sacrilège d'accepter des places dans la magistrature sans y être préparé.

IV. — *La suppression de la place de Procureur-syndic.*

On ne conçoit pas non plus comment en 1774, on a trouvé le secret de faire revivre cette place vacante pendant plus de 65 ans, et pour l'inutilité de laquelle, le sujet retiroit annuellement 14 à 1500 livres sans prendre d'autre peine que celle de venir s'asseoir quelques fois sur les bancs. Qu'on dise le contraire et j'y répondrai.

V. — *Un Baillage Royal.*

Le Mémoire de l'ordre des avocats de votre bareau en démontre l'avantage et l'utilité pressante : ne fut-ce que par cette considération importante, qu'alors vos juges seroient des jurisconsultes instruits dans la fréquentation des tribunaux, et non pas des individus de tout état et de tout rang, souvent aussi étrangers à la considération dûe à ce noble état, qu'ils le sont aux études et aux connoissances qu'il exige.

VI. — *Dans le cas ou le vœu général trouvai quelque difficulté pour la création de ce tribunal, alors solliciter le rétablissement de la place de Grand bailli, momentanément réunie à la Municipalité.*

L'incompatibilité évidente des fonctions de cette place avec celle de procureur syndic, qui est absolument le *bis in idem*, est sagement développée dans la lumineuse consultation imprimé de M^{es} Le Saffre, Wartel, H. Lefebvre et Claeys, jurisconsultes estimables de Lille, du 12 février dernier, et si ce rétablissement désirable a lieu, Dunkerque verra renaître dans son sein des officiers dignes des immortels Faulconnier pour lesquels cette place avait été crée, et qui leur a mérité la vénération publique.

VII. — *La publicité des comptes annuels de la ville, par la voye de l'impression, deux mois avant leur clôture.*

A cet égard il ne faut encore que consulter l'arrêt du Conseil d'Etat du Roi du 6 septembre 1767, (auquel se trouve annexé l'état des honoraires, appointemens et gages qui seront payés aux officiers, serviteurs ou domestiques de la ville de Dunkerque. Cet état ne se monte qu'à la somme de 29.936 livres : 1° Pour les honoraires et gages ; 2° Pour les charges ordinaires de la ville à 101.810 liv. 5 d. ; 3° Pour l'intérêt d'une rente de 500.000 liv., ensemble un total de 151.737 liv. 5 d.) pour en justifier la nécessité absolue, par l'infraction manifeste aux intentions du législateur.

D'ailleurs tout citoyen a droit de connoître l'employ des deniers de la commune. Les gens honnêtes ne conviendront-ils pas que si cette voye sûre eut existé, qu'elle eût prévenu bien des entreprises désastreuses, pour ne rien dire de plus.

VIII. — *La suppression des pensions et sommes dont la ville est grevée sans l'approbation du Souverain.*

Rien n'est plus révoltant que cette prodigalité ; n'est-ce pas maîtriser les intentions du Monarque en le dépouillant d'un des plus beaux droits attachés à sa couronne ? celui de récompenser le mérite et la vertu. Les notables, en approfondissant les motifs de ces faveurs, devront étudier les moyens de parvenir à faire restituer à la ville les sommes que les individus auront perçues.

IX. — *Maison de repos pour les marins natifs de Dunkerque, âgés, infirmes ou indigens, ainsi que pour les étrangers qui y auront constamment navigué pendant 25 ans ; établissement patriotique élevé à la gloire de Louis XVI, père du peuple.*

Ce soulagement recommandable qui auroit dû depuis long-tems exciter la bienfaisance des chefs d'administration de la ville produira le meilleur effet et animera le marin qui se sera dévoué pour le service de l'Etat ou celui du commerce.

X. — *L'entretien de 50 ou 100 marins tirés annuellement de l'Hôpital Général de la Charité de Dunkerque, pour composer la classe des marins de réserve pour le service du roi.*

Ce seul établissement qui a toujours été administré par des personnes de la plus rare vertu et d'une charité exemplaire, ne pèche que parce qu'il n'est pas assez grand, en raison de la population actuelle. On se flatte que ses administrateurs zélés voudront bien dans ces circonstances indiquer la quantité qu'on pourroit extraire de cet établissement par chaque année, pour en faire des marins et donner à ces infortunés un état lucratif et profitable. Le respect de Dunkerque pour la mémoire du célèbre vice-amiral Jean-Bart[C],

---

(C) Au milieu de l'emplacement destiné pour la maison de repos des généreux marins élevez-y, mes chers concitoyens, la statue de ce noble guerrier, modèle adopté de toutes les nations, à fin que son image inspire aux héritiers de ses vertus et de sa valeur, le courage dont ce second Cézar était animé pour le service de son roi et de sa patrie. Venez avec moi pleurer sur sa tombe, et lui demander pardon de l'irrévérence, portée à ses cendres, puisque sa froide Epitaphe est le seul objet qui nous rappelle ce grand homme, lorsque nous allons au temple du Seigneur : invitons nos magistrats futurs d'élever, dans tel lieu qu'ils trouveront convenable, une seconde image au bas desquelles nous ferons graver ces mots : avec lui il falloit vaincre ou mourir.

L'histoire de votre ville vous cite encore d'autres grands hommes, tel que M. Jean Jacobsen, capitaine de vaisseau de l'armée navale de Flandres, qui, avant de mettre le feu aux poudres de son navire, plutôt que de se rendre à l'ennemi, proféra à son équipage ces dernières paroles : mes amis, si quelqu'un d'entre vous échappe, et qu'il retourne un jour à Dunkerque, qu'il dise à nos compatriotes comment nous nous sommes défendus et répandus notre sang pour la cause de Dieu et du Roi. Marins distingués, vertueux capitaine Delille, qui les représentez, voilà vos modèles.

qui se glorifie avec fondement de lui avoir donné le jour, doit sans cesse exciter son attention pour la classe de ces hommes utiles et précieux à l'Etat, dont le digne chef actuel de la marine de ce port[D] guidé par l'amour du bien et de la vertu s'empressera de faciliter l'avancement.

XI. — *Le rétablissement de la place de Greffier de la Ville.*

Nombre d'abus graves en proclament la nécessité. Il est désolant d'avoir vû aussi longtems la sûreté publique ainsi exposée et confiée au premier venu par ceux qui n'ont affecté de réunir toutes les places, que pour s'en appliquer les produits.

XII. — *La vente légale des terreins concédés à la ville, à charge de bâtir d'après un plan uniforme et approuvé.*

On ne doit jamais rougir de réparer ses torts pour procéder régulièrement à ses devoirs et au bien-être d'une ville.

XIII. — *La restitution des terreins donnés en 1785 à certains familiers, à 10 liv. la Toise, qui en vaut au moins 100 liv.*

Il est accablant de voir trois députés, déjà assez honorés par la mission qu'on leur confie, se faire donner des grâces au détriment de la commune, en indemnité d'avoir pris l'excessive peine de parcourir la route de Dunkerque à Paris en trois jours, en poste, en bonne berline, de s'y rassasier pendant deux mois de festins, d'agrémens, de fêtes, de plaisirs, et d'avoir dépensé une somme énorme ; en effet, ils sont parvenus à se faire donner la meilleure partie du terrein concédé pour le vil prix de 10 liv. la toise. L'un des députés de ce voyage que je ne nommerai pas,

---

(D) M. Mercier, commissaire général de la marine, ordonnateur en Flandres et Picardie.

pour ne point choquer sa grandeur d'âme et ses vertus populaires, comme chef de son tribunal, a tellement conçu l'injustice de cette faveur, qu'il s'est empressé de renoncer à sa partie de terrain au profit de la commune. Les deux autres ont rejeté dans le tems cette action généreuse ; mais aujourd'hui, que chacun s'empresse de concourir au bien de l'état et de sa ville, il y a lieu d'espérer, chers concitoyens, que ces MM. ne tarderont pas de faire connoître publiquement leur désistement en faveur de la commune, par acte signifié en bonne et due forme, et ensuite rendu public par la voye de l'impression. Ils sont citoyens, c'en est assez pour voir réaliser nos espérances.

XIV. — *La réunion de la Chambre Consulaire au Corps Municipal composé, au cas d'un Baillage, d'un Maire, de six Echevins, d'un Trésorier et d'un Greffier.*

Par cette réunion, je n'entends point innover à la jurisprudence consulaire ; au contraire, il est une infinité d'objets de représentations qu'en tems et lieu je publierai autant pour sa conservation que pour l'utilité du commerce. Le siège échevinal[E] en seroit d'autant mieux composé, qu'élu alors par les notables, et changé tous les trois ans, on n'auroit plus à redouter les tristes effets du choix du commérage.

XV. — *L'augmentation de cinq membres de la Chambre de Commerce, suppression du conseiller-pensionnaire, révision, et même publicité de compte que ceux de la Municipalité.*

L'homme éclairé et impartial, qui ne cache pas son venin comme la vipère, conviendra que plus il y a de membres,

---

(E) Ce siège pour répondre au double objet d'utilité dont il pourroit être, seroit composé de trois négocians, de deux capitaines de navires et d'un gradué.

mieux les affaires du corps sont traitées ; dès lors, l'inutilité de recourir aux lumières d'un seul homme, qui, au lieu de la simple voix de représentation, ordonne et agit le plus souvent à son gré, tant il est familiarisé avec l'usage. D'ailleurs pourquoi ces places de Conseillers, sauf celle du Président, seroient-elles à vie ? n'est-il pas juste de les renouveller tous les trois ans, et que les notables les distribuent aux négocians, fâmés, comme une marque distinctive à laquelle tout citoyen, versé dans le commerce, a droit d'aspirer. Ce sera encore aux notables à en décider, ainsi que de la révision et publicité des comptes de cette administration.

XVI. — *L'établissement d'une seconde paroisse.*

En rendant au pasteur actuel[F] (dont tout chrétien admire les vertus et les lumières), mes tributs d'honneur et de gloire, je n'entends point taxer son zèle et sa charité envers ses ouailles ; mais il me semble que la population actuelle de Dunkerque évaluée à 40.000 âmes au lieu de 12.000, existante en 1714, exigeroit cet établissement, car, il me paroit presque impossible qu'un curé, et quatre vicaires seulement, tels zélés et actifs qu'ils soient, puissent suffire convenablement à tant de milliers d'hommes, puisque à peine l'aumônier de l'Hôpital,[G] qui justifie si dignement le choix qu'on a fait de sa personne et qui consacre entièrement ses jours au soulagement des pauvres et des malades, peut-il suffire à 3 ou 400 personnes que l'hôpital renferme ; qu'on consulte ces respectables ecclésiastiques, et je garantis d'avance leur dévouement pour le bien public, et l'observation du christianisme.

(F) M. Macquet, Curé-Doyen
(G) M. l'Abbé Jolly.

XVII. — *La dépendance d'un Diocèse de France.*

A l'égard de ce changement, il ne s'agit que de consulter la régénération actuelle de la France, tout y prenant un nouvel essor, il semble que l'ordre naturel des choses indiqueroit assez ce changement du diocèse d'Ipres, qui se glorifie avec raison d'avoir pour chef l'exemple des Prélats, orné des vertus, que l'église exige de ses princes[H]. Mais occupé de réformes, le Souverain invite le citoyen à lui remontrer tout ce que le zèle et le bon ordre peut lui inspirer. Tel est le motif de l'observation que j'en fais. Au reste, j'abandonne bien volontiers à notre Clergé le soin de dire à cet égard tout ce que sa piété et ses lumières lui suggéreront.

XVIII. — *La suppression des entraves qu'éprouvent l'activité et l'encouragement du commerce de Dunkerque.*

Le nombre en est effrayant, négocians intègres et qui gémissez, élevez la voix ! le moment de dévoiler la vérité est heureusement arrivé ! Voilà votre tâche.

XIX. — *L'exemption de l'entretien de l'Hôtel de l'Intendance.*

Depuis 1772, époque de la suppression des notables, on assure que l'entretien de ce superbe Palais a coûté plus de 894 mille livres. Débarrassés de ce fardeau, vous conviendrez du profit qui en résultera. Au reste, la revision des comptes établira s'il y a erreur dans le calcul. Mais il faut avoir soin d'y comprendre l'énorme dépense de 1784, pour satisfaire le luxe et l'ambition d'un personnage, l'idole de

---

(H) Monseigneur Ch. Alex. Comte du St-Empire d'Arberg.

trois habitans seulement[1] dont ils ont fait déposer le portrait avec emphâse dans la salle d'audience de l'Hôtel-de-Ville, de préférence à celui de notre bon et auguste Monarque ; mais il y a lieu de croire que le Patriotisme qui

---

[1] 1° L'enthousiasme déplacé s'est porté jusqu'à faire en 1784 des réparations et changemens dans l'hôtel de l'intendance, qui ont coûté à notre pauvre commune environ 154 mille livres, ci.................................... 154.000
2° D'obtenir de mettre devant notre unique paroisse un amas immense de pierres qui a coûté, dit-on, 800 mille livres. ci...... 800.000
3° Plusieurs députations à Paris, ci.......................... 100.000
A quoi ajoutant,
Pour les députations de la ville, afin d'obtenir la réunion de la charge de Grand Bailli, environ............................. 150.000
                                                            1.304.000
Montant du remboursement de la charge de Grand bailli........ 153.000
Gratifications, etc., etc., etc............................... 50.000
L'entretien de la maison de l'intendance, évaluée de 30 à 40 mille au plus bas, prenons 30, ce qui, pour 17 années à compter de 1772 jusqu'à 1789, ci..................................... 510.000
                                Ensemble..... 1.917.000

Notables et Magistrats du tems de l'heureuse administration, que nous avons encore le bonheur de posséder parmi nous, dites-nous avec cette franchise et cet esprit de sagesse qui vous a toujours distingués, dites-nous, nous vous en conjurons vous conduisiez-vous de la sorte ? la prudence et votre déférence pour le Monarque, n'étoient-elles pas les seules voyes que vous observiez et par cette sage conduite n'aviez-vous pas mis, lors de votre suppression désolante, la commune à même de se liquider ? parlez ne retenez pas votre voix, je vous somme avec mes concitoyens de parler ouvertement. Qu'elle étoit sa position ? devoit-elle les millions dont on la dit débitrice au jourd'hui ? répondez ! Quoique sans d'autre guide alors que l'amour du bien et celui de vos devoirs, Magistrats vénérés, dites-nous encore avec la même franchise que le Souverain exige de vous, et puisque ce bon Roi a déclaré honorer de son approbation spéciale les motifs d'amour, d'obéissance et de zèle que tout citoyen déploiroit pour la régénération de l'Etat et de sa patrie : dites-nous donc, Magistrats, si vous vous exposiez à voir ordonner par arrêt, le renvoi de vos procédures criminelles par-devant les officiers de Bourbourg, pour y être recommencées de nouveau *à vos frais et dépens* ? A voir procéder d'un œil tranquille au bris de vos scellés, et méchament exposer des héritiers dans des frais monstrueux ? nécessitiez-vous le plaideur de vous présenter six à sept placets pour juger un délibéré de plusieurs mois, et cela sans pouvoir obtenir jugement, tandis que l'ordonnance civile n'accorde que 24 heures ? vos audiences n'étoient-elles ordinairement formées que de deux à trois personnes ? pour cause et moyen d'appel employoit-on celui de dire qu'il s'agissoit d'un jugement de votre ville ? dégoutiez-vous les défendeurs de votre tribunal ? vos registres d'audience étoient-ils barbouillés de changemens, d'emmargemens ou d'ajoutés ? rendiez-vous après l'audience levée des jugemens contraires à ceux prononcés ? décernoit-on des contraintes contre vos greffiers pour obtenir l'expédition de quelque procédure ? perceviez-vous des droits illégitimes et vous condamnoit-on à les restituer ? les députations à Paris étoient-elles aussi dispendieuses et aussi multipliées ? outre la dépense de route et séjour, qu'accordoit-on aux députés par jour ? M° Olivier, digne chef de mon ordre, magistrat élu par les vertueux notables, c'est à vous que je prends la liberté d'adresser la parole : répondez !

germe si heureusement dans les cœurs, excitera les notables et magistrats futurs à supplier le Roi de permettre que son portrait soit placé dans l'Hôtel-de-Ville, devant lequel nous irons, au cas d'injustices ultérieures, et attendu l'impuissance des rois de tout voir par eux-mêmes, répéter ces mots qui arrachèrent des larmes à Henri IV : Ah ! si le roi le savoit.

XX. — *L'observation de l'art. II de la déclaration du Roi du 28 octobre 1788, concernant les formes de la répartition de la capitation.*

Rien n'est plus arbitraire que cette imposition, par la manière dont on y procède, et ce qui va le prouver sans replique, c'est l'ordonnance imaginée depuis le 24 mai 1788, signé Vanwormhout, au bas de laquelle il est dit : Si vous avez des représentations à faire, il faut vous adresser au magistrat, et vous êtes prévenu qu'après le mois de juillet, vos représentations ne seront plus reçues. Mes chers concitoyens, dites-moi, cet avis n'inspire-t'il pas une méfiance dans la justesse de la taxe ? cette observation auroit-elle lieu, si on procédoit scrupuleusement à cette taxation ? mais non : c'est un échevin, sans habit décent, assisté d'un scribe, et un sergent de ville, allant de maison en maison, le plus souvent qui n'y entre pas, et suit une routine, auquel le siège guidé par le même principe se rapporte pour la taxe faite par son commissaire ; est-ce ainsi qu'on peut espérer une juste taxation, et cette conduite ne donne-t'elle pas ouverture à nombre de représentations qu'on fait, et qui le plus souvent sont rejettées ? Mais rassurez-vous, mes chers concitoyens, le pauvre comme le riche, se ressentira de l'heureux retour du bon ordre ; vous touchez au terme de vos maux.

XXI. — *Réunion de la basse-ville à la ville*

Notre amour pour nos concitoyens qui y habitent, payant les mêmes droits que nous, exige nos efforts pour les réunir à la ville, afin de ne faire qu'un même corps et un même esprit, il est affligeant de les avoir vûs aussi long-tems éloignés de notre sein, et assujettis à des droits énormes et accablants, à l'instar des etrangers[K].

XXII. — *L'exception de l'édit du roi, portant révocation du privilège de ville d'arrêt personnel du mois d'août 1786, en faveur seulement du commerce du smoglage.*

La nécessité en est pressante. Négociants que ce commerce concerne, renforcez votre voix, et faites voir les inconvénients de vous assurer des débiteurs de cette classe, qui viennent vous narguer faute d'exécuter efficacement les condamnations à cause des formalités préalables que cette loi vous impose.

XXIII. — *L'établissement d'un bureau charitable pour la défence des procès des pauvres et le soulagement des prisonniers.*

L'humanité et la charité des ames vertueuses rougissent de voir que dans une ville comme la nôtre, qui jouit de plus d'un demi million de révénus[L], il n'y ait aucun de ces

---

(K) On assure que les habitans de la Basse-ville ont présenté requête en 1787 au Magistrat à l'effet de se joindre à eux pour obtenir l'exécution de la déclaration de 1691 qui les fait jouir des mêmes privilège et franchise que les autres habitans de la ville, et que cette requête a été répondue d'une ordonnance encore signée Vanwormhoudt, portant *qu'il n'écheoit point de se joindre aux habitans*. Citoyens appréciez cette réponse !

(L) S'il est vrai que notre commune jouit de plus de 600 mille liv. de revenus et que l'état de ses gages et charges par chaque année ne monte qu'à 151.737,5 et ajoûtant pour faire compte rond 48.262,15 pour réparation des bâtimens etc. etc., ensemble 200 mille livres, il résulteroit sans réplique que depuis 1772, époque de la suppression regrettée des notables, la Commune auroit dû annuellement

établissemens honorables. Citoyens charitables et négocians distingués, qui composés la chambre d'union de notre ville, dont mille fois j'ai vanté la vertu envers un infortuné détenu depuis cinq à six ans ; et qui, dans cette chambre vous delassés des travaux de la journée par des plaisirs innocens sans perdre de vue la plus belle des œuvres de misericorde, celle de sécourir le prisonnier, n'envierez-vous pas de voir, et de contribuer par vos aumônes à cet établissement honorable, en le mettant sous la protecton de l'immortel Necker, l'idôle méritée de la nation, le vengeur de l'opprimé et l'ami des malheureux, je ne consulterai d'autres personnes que vous, mais si vous êtes inflexibles à ma voix, ne trouvez pas mauvais que je publie la digne action que vous exercez encore, et qui m'a inspiré l'idée de l'établissement que je propose.

XXIV. — *Fontaines publiques*

Ce secours est d'autant plus urgent que les sécheresses sont très communes à Dunkerque, afin de préserver les habitans du malheur de chercher au loin les eaux saumâtres et dégoutantes, et d'y voir reproduire ces épidémies meurtrières dont on y fit plus d'une fois la déplorable expérience.

Pénétrés vous, mes chers concitoyens de ces objets. Je conviens avec vous qu'ils demandent un travail approfondi,

---

économiser 400 mille livres. Or pour 17 ans depuis 1774 jusqu'en 1789, elle devroit avoir épargné 6.800.000 livres, mais loin de les avoir, la bonne et complaisante mère se trouve débitrice de plusieurs millions ! Citoyens, d'où provient donc ce vuide ? c'est une énigme, mais ne vous désolez pas, le tems ne tardera pas de vous l'expliquer, en vous faisant toucher du doigt et à l'œil, où ce capital énorme est passé, par le résultat, et la révision des comptes qui sera ordonné, et rendu public par la voye de l'impression, de même que l'inventaire général du greffe, afin qu'à l'avenir ce devoir essentiel soit rigoureusement rempli tous les ans, et qu'on ne voye plus les minutes d'un dépôt aussi sacré, confiées à des subalternes ignorans et peu scrupuleux.

et qu'il existe une infinité d'autres abus(M). Mais ces derniers momens qui sont précieux, ne me laissent pas le loisir de vous les développer. Le nombre ne doit jamais vous decourager.

Rassurez-vous, calmez vos craintes, rien ne sera plus simple, songez que ce n'est pas au milieu du trouble et des dissentions que vous pourrez faire le bien de la commune, il y a absolument qu'un heureux accord qui vous y fera parvenir ; et alors, une fois votre constitution bien étayée, tout ira facilement et loyalement ; n'hésités pas d'élever la voix : cessez, cessez de croire que vous soyez encore dans les tems où on étouffoit despotiquement vos Doléances et vos allarmes ; comptez également sur les bons offices que prodiguent dans cet instant mémorable à la Province, son illustre Gouverneur, et tout à la fois le digne rejetton des glorieux Montmorency, que vous dévés vous applaudir d'avoir pour chefs, à l'exemple des généreux Lillois, qui demontrent bien que ce n'est pas avec de bons repas qu'on appaise les Flamands patriotes et qu'on étouffe leurs plaintes. Reprenez courage, imités ces voisins qui s'immortalisent, confiez-vous à ces vertueux généraux ; dans leurs cœurs dévoués à la défense de la patrie, déposez vos doléances; préparez-leur des monumens portant cette inscription : Semper erant, pro Lege, pro Rege, et pro Populo, en un

---

(M) Notamment sur l'instruction civile et criminelle, le Greffe, la Police, les Finances, le Territoire, les Ouvrages, le Commerce, le Pilotage, l'Amirauté, la Marine etc. etc., dont une foible partie sont à votre connoissance. Mais pouvez-vous exiger tout d'un seul homme ? Pour me rendre utile à ma patrie et me conformer aux intentions de notre Auguste Monarque, Citoyens vertueux, il n'est pas de sacrifices que je ne sois résolu de faire jusqu'au dernier souffle ; je vous ai prouvé que c'est depuis le 12 janvier 1779 époque de mes premiers et pénibles travaux, que je me suis sans intérêt occupé de vous, mais outre le tems, il faudroit pour travailler solidement, composer un comité de cinq à sept personnes, vraiment dévouées au bien de la ville, et avoir l'accès des archives pour débrouiller plus soigneusement ce cahos.

mot, dignes de votre amour, de votre reconnoissance, et d'être transmis à la postérité.

Ce 23 Mars 1789.
Signé : POIRIER,
Citoyen et Avocat de Dunkerque.

Nota : J'espère que l'orsqu'on saura que cet ouvrage a été composé et imprimé précipitamment, dans l'espace de six jours et cinq nuits, ce qui est à la connoissance des personnes dignes de foi, (puisque je ne suis arrivé d'un voyage que je viens de faire à Marseille, pendant près de trois mois, que le 17 mars présent mois, 5 heures du soir) de crainte que ce travail ne parût trop tard, on voudra bien user d'indulgence, s'il y a plus d'imperfection de tout genre, qu'à un ouvrage fait à tête reposée et avec la plus grande réflexion.

Dunkerque, ce samedi 28 Mars 1789.

Pièce IV

Mémoire de doléances et remontrances de la communauté des maîtres barbiers-perruquiers, baigneurs et étuvistes de la ville de Dunkerque[1], qui sera remis à l'assemblée du Tiers-Etat qui se tient audit Dunkerque le mardi vingt-quatre mars mil sept cent quatre-vingt-neuf par les sieurs Feri-Nicolas Boutté père, doien, et Guillaume-Jean Schipman, lieutenant d'icelle communauté, et ses députés nommés par délibération du dix-neuf du même mois de mars.

---

1 Cette pièce m'a été signalée par M. l'abbé Vanparys.

Cette communauté exige en premier lieu l'exécution des lettres-patentes de Sa Majesté des vingt-cinq février 1725 et 1772 dans la ville de Dunkerque, comme elles s'exécutent par tout le royaume, regardant les communautés des maîtres-perruquiers, sans qu'il soit porté aucuns obstacles de la part de qui que ce soit, et principalement de la part des magistrats juges de police, qui ne cessent d'i porter des troubles qui ne tendent qu'à éterniser et écraser la communauté.

En second lieu, de pouvoir avoir la permission particulière d'entrer dans les maisons bourgeoises de la ville de Dunkerque avec un huissier ou sergent royal seulement, au lieu d'un commissaire, pour les saisies des chambrelants, qui infectent la ville de Dunkerque et causent un détriment considérable à la communauté, en ce que d'après une coutume enseigne que l'on observe en cette ville, l'on ne peut arretter personne en contravention sans ministère d'un commissaire, qui, quoique souvent nommé par les juges, ne se soucient guère de se rendre avec les sindics du corps pour assister aux saisies des chambrelants, conformément à l'article 35 des statuts et règlements de 1725, que, pendant le temps que l'on va chercher le commissaire, le chambrelant n'est plus à trouver dans le moment, ce que par le ministère d'un huissier ou sergent, que l'on peut forcer de marcher sur-le-champ, la saisie se trouveroit pratiquée de suite, tel que l'on fait dans toutes les villes du royaume.

En troisième lieu, à ce que l'état-major de la ville de Dunkerque soit enjoint, à peine de destitution, d'ordonner aux soldats, soit de la garnison ou ceux en semestre, de ne point travailler de la profession de perruquier, vis-à-vis des bourgeois autres que ceux qui pourront se trouver attachés aux boutiques des maîtres, et qu'il soit également ordonné à l'état-major, et sous les mêmes peines, d'accompagner les sindics dans les endroits où les militaires seront dans le cas de travailler.

En quatrième lieu, que touttes les délibérations tenues par la communauté en exécution des lettres patentes du 25 Février 1725 et 1772, tant contre les maîtres propriétaires, veuves locataires, apprentis et garçons attachés et soumis à la communauté, et n'importe de quelles genres peuvent être les délibérations, soient exécutées selon leur forme et teneur, sans avoir recours au corps municipal de la ville.

En cinquième lieu, que pour le bon ordre et le maintien de la communauté, il ne pourra jamais être reçu de sindic dans icelle, sans qu'il soit nommé également un sindic maître locataire, auquel effet toutte la communauté sera assemblée pour cette réception, comme aussi, aussitôt que les sindics auront fait faire une saisie ou l'emprisonnement d'un chambrelant, de faire assembler la communauté pour en rendre compte à icelle, et que pour éviter les procès qu'il pourroit arriver, tel que cela s'est pratiqué, de faire également assembler la communauté pour pouvoir se consulter entre tous ceux qui la composent et par là éviter les pertes considérables, telles qu'elle a déjà essuyées.

Objets de demande particulière de la communauté pour le bien de l'Etat et de la ville de Dunkerque :

En premier lieu, la conservation des privilèges de la ville et de la franchise, comme elle a toujours jouis.

En deuxième lieu, la cassation du traité de paix entre la

France et l'Angleterre, qui cause une ruine totale aux manufactures de France, comme étant un objet nuisible aux propriétaires et quantité d'ouvriers en général, qui se trouve sans gain, et hors d'état, quant à ce dernier, de pouvoir se substenter, eux et leurs familles.

En troisième lieu, la réforme d'une partie des gabelles.

En quatrième lieu, l'abolissement et la suppression des intendants de province, des subdélégués, des magistrats qui sont nommés par les premiers, et principalement pour Dunkerque, les conseillers pensionnaires, qui, quoique avocats, et de plein vol, rendent eux-mêmes les jugements et sentences, sans que la magistrature scachent le oui ou le non.

En cinquième lieu, qu'il ne soit perçu d'autres droits vis-à-vis de la populace et du mercenaire, que ceux que l'on paie actuellement, sinon que comunément avec tous les autres personnes du royaume, ou en communs, dans les quelles bien entendu la Noblesse et le Clergé devra y contribuer.

En sixième lieu, que la communauté des perruquiers de Dunkerque puisse avoir voix délibérative par un député de son corps, lors de la nomination des magistrats de cette ville, comme du passé, du temps des notables, tel qui y ont été admis tous les autres états et communautés de Dunkerque ; et à son tour.

Et en septième et dernier lieu, la réforme des abus des festins des magistrats de paroisses, puisque c'est le général Tiers-Etat qui les paie.

Le tout ainsy fait et dicté par Vandeputes, sindic soussigné de la communauté des maîtres perruquiers de la ville à l'assemblée du Tiers-Etat tenu à l'hôtel de ville de Dunkerque, le vingt-quatre mars 1789.

Pièce V

Lettre au Roi adressée à Sa Majesté par les Dames du Tiers-Etat de la Ville de Dunkerque, Suivie des doléances et pétitions des dites Dames.

Avril 1789.

Sire,

Profondément affectées des maux qui menacent notre Patrie, vivement alarmées de la pusillanimité, de la dégradation et de la perversité des hommes, nous ne craignons pas aujourd'hui d'élever la voix ; puisse-t-elle arriver jusqu'à Vous ; puisse-t-elle vous convaincre de la pureté de nos sentimens, de notre zèle pour le bien, de notre amour pour la chose publique : le feu patriotique qui nous consume vient ajouter à la foiblesse de nos organes et nous donne la force de sacrifier nos biens et nos vies, pour la gloire de votre Règne et pour la prospérité de votre Empire.

Ne rejettez point, Sire, les vœux que nous venons faire sur l'autel de la Patrie ; ils ne sont point dictés par un esprit de faction ; ils sont épurés au creuset du véritable patriotisme.

A ces actes de dévouement pour votre Majesté, nous voyons déjà s'élever les têtes altières de nos tyrans, ils veulent étouffer nos plaintes et nos doléances, ils veulent éternellement nous condamner à cet état d'abjection, dans lequel nous gémissons depuis si long-temps, mais le siècle de l'égalité vient d'éclorre, nos fers vont se rompre, les injustices des hommes vont être proscrites, et notre liberté nous est assurée. A l'approche d'un bien si précieux, notre courage s'enflamme, notre énergie nous est rendue, et la force même naît de notre foiblesse ; c'est à vous, Sire, que nous devons un si grand bienfait, il sera émané de votre bonté paternelle ; votre justice ne peut se refuser à nous affranchir de l'esclavage qui s'appésantit sur nous depuis tant de siècles : la barbarie des hommes a énervé nos forces et affoibli nos organes, et ils se font un titre de l'avilissement où ils nous ont réduits pour nous plonger à jamais dans le néant. Vous n'ignorez cependant pas, Sire, que les femmes dans tous les temps, ont été appellées aux grandes choses ; que leurs actions éclatantes ont même surpassé celles des hommes. Si nous parcourons les annales du Monde, nous y voyons qu'elles ont toujours eu la plus grande influence sur les empires ; les Sabines n'ont-elles pas contribué à la conservation de Rome, prête à expirer avec sa gloire naissante ? Les femmes n'ont-elles pas soutenu des sièges, contribué au gain des batailles avec un courage infatigable ; n'est-il pas mort dans les combats des milliers d'Amazones : je n'en finirois pas, sire, si je vous faisois l'énumération des hauts faits de ces femmes romaines, dont l'âme noble et le caractère énergique n'étoit que le fruit de l'amour de la Patrie et l'apanage de la liberté.

A tant d'exemples pressans, vous ne pouvez refuser aux femmes les droits primitifs de la nature ; elles viennent les revendiquer aux pieds de votre Majesté ; il n'y a point de prescription à opposer à des droits si légitimes ; elles ont d'ailleurs des titres incontestables ; ils sont consignés dans le Cahier de Doléances de l'humanité ; vous en connoissez rigoureusement tous les articles, puisque vous les avez exécutés depuis votre avènement à la Couronne.

Empressez-vous, Sire, de nous donner un nouvel exemple

de votre justice, nous le sollicitons au nomde la Patrie, prête à être immolée à l'intrigue, à la cabale, et à toutes les passions qui dévorent les hommes.

Si un usage barbare étayé d'une possession illégitime et forcé pouvoit encore faire balancer votre justice, nous allons en déterminer l'incertitude par les monumens de notre histoire. Le dirons-nous à la honte des hommes ? Eh ! pourquoi ne le dirions-nous pas, puisque ces vérités sont gravées dans les fastes de la Monarchie. La glorieuse Jeanne d'Arc ne sauva-t-elle pas votre royaume de la fureur de vos ennemis ? N'étoit-ce pas à ces foibles mains qu'il étoit réservé d'opérer un si grand ouvrage ? Ne porta-t-elle pas la force et le courage dans les esprits abattus ? C'est à une femme, Sire, que vous devez votre couronne, et vous hésiteriez un moment pour les récompenser, de leur assigner un rang honorable dans la société. Ne sommes-nous pas françoises ; et ce titre n'est-il pas quelque chose ? L'espoir si doux que nous avons conçu ne seroit-il qu'un rêve consolant ou une illusion fugitive ? Ne pourrions-nous donc contribuer à l'honneur du Prince et à la restauration commune ? Ne pourrions-nous donc contribuer à extirper des formes exotiques, des droits barbares, des ordres abusifs trop long-temps tolérés parmi nous. Que votre Majesté soutienne nos âmes prêtes à s'élancer du sein de la servitude, et elle verra naître une nouvelle modification de l'espèce humaine, qui assurera à jamais la gloire de son règne. Jadis le peuple attaché à la glèbe des seigneurs féodaux et ne végétant que de ses sueurs, n'avoit aucune part aux assemblées nationales, il y fut cependant admis à la suite, et pourquoi les femmes asservies trop long-temps sous le joug de la barbarie, n'y auroient-elle pas aussi quelqu'influence.

Qu'est-ce qu'un abus long-temps perpétué ? C'est toujours un abus dont le principe et le long usage lors même qu'il ne seroit pas fondé sur le droit du plus fort, comme il le fut toujours, n'offriroient qu'un abus à détruire, un souvenir pénible à effacer.

En général les principes sont incontestables ; la nature a fait tous les êtres égaux ; elle ne connoit de distinction que la vertu, de puissance que celle émanée d'un pouvoir légitime.

Vous ne pouvez donc, Sire, d'après l'esprit de justice et de bienfaisance dont vous êtes animé, vous dispenser de restituer aux femmes les anciennes prérogatives de la nature, l'homme a dégénéré, les passions qui l'affligent ont énervé toutes les facultés de son cœur. Il a besoin du conseil des femmes. Elles contribueront au bien de l'Etat, à la régénération de votre Empire.

Faudroit-il, Sire, pour vous engager à recevoir les secours que nous vous offrons si courageusement, vous dénoncer la licence, la sédition, la cabale et l'intrigue qui a régné dans les assemblées tumultueuses de la ville de Dunkerque ? Faudroit-il vous convaincre que l'esprit de corps, que les intérêts personnels, que les considérations particulières, que les égards dûs au rang et à la fortune, n'ont point été sacrifiés pour le bonheur de l'Etat et pour la gloire de votre Majesté ? Faudroit-il vous convaincre que les Doléances de toutes les corporations ont été étouffées par la plus vile séduction, qu'en vingt-quatre heures la disposition des esprits a été changée, et que les articles les plus précieux des Doléances ont été rejetés du cahier que l'on a formé ? Faudroit-il vous convaincre que cette assemblée qui devoit être respectable et solennelle, a été transformée en une espèce de marché public, où il ne manquoit plus que de mettre à prix les voix et les suffrages. Tel est, Sire, le scandale que viennent de donner à la province les députés de toutes les corporations de la ville de Dunkerque : les véritables citoyens en ont gémi, et nous-mêmes nous avons regretté de ne pouvoir aussitôt réparer les maux et les erreurs de notre Patrie.

Qu'il nous soit permis, Sire, de vous tracer légèrement les vices de tous genres, qui ont infecté tant l'assemblée des députés de toutes les corporations de la ville de Dunkerque, que l'assemblée de Bailleul, chef-lieu de la Flandre Maritime. Il semble que le génie de l'intrigue ait présidé à toutes ces assemblées ; est-ce au milieu de tant de passions que le bon ordre peut renaître ? Ce ne sont point des esprits séditieux et inquiets ; ce ne sont point des hommes dévorés d'ambition, qui peuvent devenir les coopérateurs du bien public ; nous allons successivement vous donner une légère idée de ces diverses assemblées, et votre Majesté sera à même de juger, si nous ne devons pas par nos conseils rectiffier les erreurs de tant d'hommes timides et leur procurer l'honorable titre de citoyens qu'ils semblent avoir perdu[A].

PREMIÈRE DIVISION

Assemblée de tous les Députés des Corporations de la Ville de Dunkerque.

Votre Majesté, par l'arrêt de son Conseil du 20 Octobre dernier, a daigné annoncer qu'elle étoit dans le dessein

---

(A) Nous en exceptons le capitaine de Lille, il est aussi bon citoyen que brave guerrier. Il faut aussi distinguer le Sr Bustreel, le Sr H..., etc. etc.

d'appeller tous ses sujets à concourir par leurs suffrages à l'élection des Députés aux prochains Etats-Généraux.

Les notables du royaume ont été assemblés pour fixer les droits respectables du citoyen.

Les lettres de convocation pour les diverses assemblées ont été successivement expédiées pour toutes les provinces.

Celles de la Flandre Maritime ont été envoyées à M. le Bailli d'épée de la ville de Bailleul.

M. le Bailli d'épée les a adressées à MM. du Magistrat de la ville de Dunkerque, à l'effet de faire assembler les citoyens de tous rangs et de tous états.

Toutes les corporations de la ville de Dunkerque se sont assemblées jusqu'aux confréries.

Elles ont nommé par chaque corps un ou deux députés, qu'elles ont chargés d'un Cahier de Doléances, pour lire dans l'Assemblée, et ensuite le faire consigner dans le Cahier de Doléances destiné à être porté dans l'Assemblée de Bailleul.

Tous les députés des différentes corporations, au nombre de soixante-douze, se sont assemblés en l'Hôtel-de-Ville de Dunkerque ; ils ont tous lu les doléances de leur corps.

Le plus grand nombre de ces doléances tendoient particulièrement au bien général de la province.

Elles demandoient la suppression des intendants et des subdélégués, pour affranchir les citoyens de leurs actes de despotisme.

Cette demande ne tendoit qu'à accroitre une liberté naissante.

Elles demandoient en outre l'exécution des Edits Municipaux de 1764 et 1765, suspendus par une simple lettre ministérielle.

Eh bien ! croiriez-vous, Sire, qu'aucun de ces vœux si chers à notre Patrie, n'ont été exprimés dans les Doléances de cette ville ? Croiriez-vous que la plupart des députés ont lachement trahi les intérêts de leur corps, et que les citoyens députés ont été obligés de succomber sous les efforts de la cabale la plus odieuse ?

Chaque article du Cahier de Doléances de la ville de Dunkerque a été passé à la pluralité des voix, et il semble que toutes les voix de cette Assemblée n'aient conspiré qu'à faire consigner dans le Cahier des Doléances, que des articles ou étrangers à la province, ou ridicules, ou insignifians.

Par l'article premier de ce Cahier de Doléances, les députés de toutes les corporations de la ville de Dunkerque chargent les députés de la Flandre Maritime pour les Etats-Généraux, de procurer à la France une heureuse constitution qui assurera d'une manière inviolable et sacrée, les droits du Roi et de ses sujets, et à tous les citoyens la liberté et la sûreté individuelle par l'abolition de toutes Lettres de Cachet, Lettres d'Exil, autres espèces d'ordres arbitraires.

Les députés de toutes les corporations de cette ville, viennent de demander, comme vous venez de le voir, la suppression des Lettres de Cachet et par une inconséquence produite par l'esprit de parti, ils ne demandent point la suppression de la Lettre de Cachet qui a suspendu l'exécution des Edits Municipaux de 1764 et 1765. Fut-il jamais une contradiction plus frappante ? MM. les députés s'occupent de procurer à la France une heureuse constitution, et ils ont la lâcheté de ne pas demander la suppression des vices, qu'a enfanté une constitution arbitraire : Lorsque cette suppression étoit le vœu presque unanime de tous les corps. D'après des contradictions de ce genre, est-il possible de se refuser à croire que la plûpart des députés des corporations de cette ville, ne se soient laissés séduire, et qu'ils n'aient bassement trahi les intérêts de leur corps.

Cependant pour essayer de pailler une conduite aussi condamnable, ils ont cru qu'il étoit de leur devoir de demander par l'article 53 de leur Cahier de Doléances, qu'il soit adjoint à l'administration actuelle, quinze notables [B] qui seront élus par les différens corps, en la forme ordonnée par les Edits Municipaux, lesquels notables géreront et administreront conjointement avec le Magistrat, les affaires et les finances de la Ville, et que cinq desdits notables seront renouvellés chaque année.

Nous ne craignons pas de le dire, les députés des corporations de cette ville ont rejeté des articles qu'ils étoient spécialement chargés de faire inscrire dans le Cahier de Doléances, et ils y en ont substitués d'autres, qu'ils n'avoient nul pouvoir d'y faire consigner. Est-il possible de démontrer plus sensiblement le caractère indélébile de la prévarication, et n'êtes-vous pas maintenant convaincu, Sire, que cette Assemblée n'étoit qu'un composé d'hommes timides et pusillanimes, indignes de la distinction honorable de citoyens.

(B) Cette invention produite par l'esprit du parti dominant, tend à accroître les dépenses plutôt qu'à les diminuer. Quinze notables de plus attachés à la Magistrature ?... Nous ne développerons point cette idée ; nous nous contenterons de l'indiquer.

Mais abandonnons ce Cahier de Doléances, ouvrage de l'inconséquence, de la contradiction, de l'ignorance et du délire, voyons si la manière avec laquelle on procédera à l'élection des vingt-quatre députés pour Bailleul, porte avec elle les caractères approbatifs imprimés sur le Cahier de Doléances des corporations de la ville de Dunkerque. A cet égard nous n'avons qu'un mot à dire.

Dès que le Cahier de Doléances dont nous venons de parler, a été clos, il a été question de procéder à l'élection des vingt-quatre députés pour Bailleul, et de quelle manière y procéda-t-on ? avec la même confusion, avec le même désordre qui avoit régné pendant la rédaction du Cahier, on peut dire même sans exagération, que lorsque l'on vota pour la nomination des députés, l'indécence de l'Assemblée fut marquée au coin de la frénésie, par les cabales qui éclatoient de toutes parts et sous mille formes révoltantes.

D'un côté, le chef d'un parti puissant indiquoit par son suffrage un député, et aussi-tôt une multitude de voix mercenaires approuvoit l'élection. Ici l'intrigue ne fut pas moins caractérisée qu'elle l'avoit été d'abord.

D'un autre côté, les électeurs ridiculisant l'Assemblée qui ne leur inspiroit aucun respect, faisant des parallèles injurieux, en mettant en opposition les états respectables avec les professions les moins brillantes de la société.

Tel est en peu de mots, sire, le tableau des scènes variées, qu'a produit l'Assemblée de toutes les corporations de la ville de Dunkerque. Tous ces habitans ont oublié le péril de l'Etat, pour se livrer, sans réserve, aux caprices que leur inspiroit leur esprit turbulant, et ennemis de l'ordre.

Voilà donc nos vingt-quatre députés nommés par le choc des différentes parties, il faut les suivre dans l'Assemblée de Bailleul, et nous y verrons s'ils ont justifié le choix que l'on a fait d'eux, s'ils y sont distingués par leur unanimité, compagne inséparable de la paix, ou s'ils ont trahi la confiance des électeurs de toutes les corporations de Dunkerque ; c'est ce qui va faire le sujet de la division suivante.

SECONDE DIVISION

Conduite des vingt-quatre Députés de Dunkerque à Bailleul. Résultat de leurs Assemblées.

Arrivent enfin à Bailleul nos vingt-quatre députés, au nombre desquels se trouvoient trois magistrats. Ils y furent mieux reçus qu'ils ne devoient s'y attendre et qu'ils ne le méritoient. Ils étoient tous possédés du désir d'aller aux Etats-Généraux, quoiqu'il n'y en eût pas un seul parmi eux qui fût en état d'y figurer. Nous vous laissons à juger, Sire, si des prétentions aussi outrées tendoient au bien général de votre royaume. Nous n'entrerons pas dans le détail de toutes les petites manœuvres, de toutes les menées sourdes que pratiquèrent certains de ces députés pour s'attirer des suffrages. Mais les pamflets adroitement distribués par les députés des autres villes de la Flandre Maritime, déconcertèrent ces progés ambitieux. On repoussait de toutes parts la ruse par la ruse ; enfin MM. les députés de Dunkerque, soit par hypocrisie, soit par adresse, paraissoient avoir obtenu pendant un instant quelque faveur, lorsque l'on répandit dans la ville de Bailleul, que M. de Calonne, ex-Contrôleur-Général, devoit arriver dans deux jours. Ce bruit qui se réalisa dans la suite, commença par diminuer le crédit de MM. les députés de Dunkerque ; M. de Calonne arriva en effet à l'époque fixée ; il est impossible de vous rendre la sensation qu'il fit à Bailleul et l'horreur qu'il y inspira. Nos députés y furent considérés comme ses protecteurs et perdirent entièrement la confiance ; en vain assurèrent-ils pour la regagner, qu'ils n'avoient aucune part à la présence de M. de Calonne, en vain offrirent-ils d'affirmer en pleine Assemblée, qu'ils n'étoient nullement son partisan, en vain demandèrent-ils impérativement qu'on fît la lecture de leur Cahier de Doléances, en vain donnèrent-ils l'idée d'une motion qui fut en effet passée d'un concert unanime ; elle rejetoit de l'élection des députés pour les Etats-Généraux, M. de Calonne, ex-contrôleur et fugitif. Le Clergé a adhéré à cette motion ; c'est le seul acte qui puisse faire honneur à l'Assemblée du Tiers-Etat de Bailleul. M. de Calonne (C) fut obligé de repartir après avoir traversé la place de Bailleul. Sa démarche incertaine annonçoit le trouble, l'inquiétude et la crainte qui agitoit son esprit.

Nos députés eurent beau faire, ils ne dissipèrent jamais les nuages accumulés sur leur tête ; quoiqu'il en soit, il est constant qu'ils eussent eu parmi eux un député aux Etats-

---

(C) Véritables citoyens, lorsque vous entendrez prononcer ce nom, poussez le même cri d'indignation et de joie qu'arrachoit autrefois à Cicéron, la fuite honteuse de l'incendiaire de Rome, de Catilina, ce scélérat ambitieux, qui depuis l'abdication de Sylla, brûlait de se rendre maître de la République.

« Il n'est plus enfin au milieu de nous, cet homme audacieux, qui tramoit la ruine de la Patrie, qui la menaçoit du fer et des flammes ! vos murs ne renferment plus l'ennemi qui travaillait à les abattre ; il s'est échappé, il fuit : le poignard ne presse plus nos flancs agités ; nous ne le craignons ni au Sénat ni dans nos maisons. Que pensez-vous qu'ait été sa douleur, de quitter ces lieux sans les avoir réduits en cendre ; d'y laisser des citoyens en vie ; de voir sa main désarmée ? Il n'est plus, vous dis-je ; vous êtes hors de péril ; voyez, comme en fuyant, il tourne ses yeux étincelans sur la proie que nous lui avons enlevée ».

Généraux, s'ils n'avoient tous eu la prétention de l'être. C'est toujours l'ambition qui leur a fait par-tout trahir les intérêts qui leur étoient confiés ; croiriez-vous, Sire, que l'on a demandé aux députés de Dunkerque d'en indiquer un parmi eux, qu'il seroit nommé député pour les Etats-Généraux, mais que le désir secret qu'ils avoient tous d'être élus, les a empêché d'en désigner. L'esprit sourd de la scission s'est emparé d'eux, et l'envie les a perdus. Parlons maintenant des Assemblées.

Dans les premières Assemblées, l'on nomma les rédacteurs du Cahier de Doléances qui devoit être formé de la quintessence de tous les autres Cahiers. Ces rédacteurs justifièrent-ils le choix que l'on fit deux ? Non, Sire, le Cahier de Doléances de Bailleul ne réfléchit que la passion. C'est une diatribe mal conçue contre des personnages qui ont abusé, il est vrai, de leur ministère. Ce Cahier tend plutôt à reculer la réforme qu'à l'accélérer, il ne sape point directement les abus jusques dans leurs racines, il attaque plus particulièrement ceux qui ont contribué à les propager. Quelle idée votre Majesté peut-elle se former d'un acharnement aussi aveugle. Puissiez-vous pour le bien de la Flandre Maritime, démêler de ce tissu d'injures les vœux des véritables citoyens.

Lorsque le Cahier des Doléances de Bailleul se trouva rédigé, il ne s'agissoit plus que de procéder à l'élection des députés pour les Etats-Généraux.

C'est ici, Sire, que l'ambition se mit en marche, que l'esprit de faction se réveille, et que le patriotisme, ce feu conservateur, s'étouffe sans espoir.

Avec de tels sentimens, est-on digne d'approcher votre

auguste personne, est-on digne d'occuper une place dans l'Assemblée général de la Nation ?

Les députés des corporations de toutes les villes de la Flandre Maritime, sont enfin convoqués pour l'élection des députés aux Etats-Généraux, et dans l'Assemblée il s'introduit un abus dangereux pour la nomination. Il se trouve plus de campagnards qu'il ne devoit y en avoir. Le grand nombre obtient la prépondérance et se nomme des députés campagnards à sa volonté. Si l'amour du bien n'a point porté MM. les députés de la ville de Dunkerque à protester contre un pareil abus, il est étonnant du moins que l'ambition ne les ait point pressé de le faire.

Enfin les quatre députés pour les Etats-Généraux ont été nommés, et ce fait, MM. les députés sont revenus à Dunkerque comme ils en étoient partis. Ils étoient cruellement fatigués des tracasseries qu'ils avoient essuyées, et qu'ils avoient fait essuyer aux autres.

Voilá, Sire, la dénonciation humiliante pour l'humanité que nous nous sommes vues forcées de déposer au pied de votre trône. C'est un titre de plus pour nous assurer un rang honorable dans l'Etat, et en effet, Sire, seroit-il prudent, quand il s'agit de l'intérêt d'une grande nation, et qu'il faut établir sur des bases solides une constitution sage, de laisser à l'intrigue et aux factions tant de moyens de triompher.

Ah ! Sire, il en est temps, rendez-nous à nous-mêmes, rendez-nous à l'Etat, écoutez nos plaintes et nos doléances, elles sont jointes à cette lettre ; puissent-elles fixer votre attention, votre bienfaisance et votre justice, avec autant d'intérêts que nous jurons d'être à jamais enflammées d'un zèle patriotique pour le bien de votre royaume, et pour le service de votre Majesté.

C'est dans ces sentiments qui seront alimentés jusqu'à notre dernier soupir, que nous avons l'honneur d'être avec un très profond respect,

De Votre Majesté,

Les très humbles, très obéissantes et très fidelles sujettes et servantes,

Dames et citoyennes du Tiers-Etat de Dunkerque.

Cahier de Doléances et Pétitions des Dames du Tiers-Etat de la Ville de Dunkerque.

Du 24 Avril 1789.

Les enfans de Louis XVI vont environner le trône, ils vont déposer dans le sein de leur père, leurs plaintes et leurs doléances. Nous formons la moitié de la nation, nous sommes aussi les enfans du meilleur des rois. Nos réclamations seront écoutées. La sagesse et la vertu tiennent le milieu entre les vices diamétralement opposés, et c'est de ce centre que sortiront nos justes plaintes. C'est de cette source pure que découleront les articles de nos doléances.

ARTICLE 1er. — Que Sa Majesté soit très humblement suppliée d'accorder à toutes les femmes de son royaume le titre de citoyennes, de leur assigner un rang dans le corps politique et de les séparer en trois ordres, que toutes les communautés de femmes soient désignées sous le titre de l'Ordre du Clergé, que les femmes nobles et annoblies soient désignées sous le titre de l'Ordre de la Noblesse, et que les femmes roturières soient désignées sous le titre de l'Ordre du Tiers-Etat.

II. — Que Sa Majesté soit aussi très humblement suppliée de leur expédier dans toutes les provinces des lettres de convocation pour les Etats-Généraux, ainsi et de la même manière que celles envoyées pour les hommes.

III. — Que Sa Majesté soit encore très humblement suppliée dans la prochaine Assemblée des Etats-Généraux, de convoquer les femmes en la manière ci-dessus dite, pour qu'elles puissent envoyer leurs députés aux différentes Assemblées périodiques.

IV. — D'abolir par provision dans la prochaine Assemblée des Etats-Généraux, l'autorité maritale, et de rétablir une parfaite égalité dans le pouvoir des deux sexes.

V. — De promulguer une loi sage sur les séparations, qui sera consentie par les Etats-Généraux, pour anéantir une jurisprudence arbitraire.

VI. — De mettre un impôt qui sera également consenti par les Etats-Généraux, sur les célibataires qui auront atteins l'âge de trente ans.

Arrêté à la séance de ce jour vingt-quatre Avril mil sept cent quatre-vingt-neuf, sans préjudice à la continuation dudit Cahier, à demain neuf heures du matin.

Du 25 Avril 1789, neuf heures du matin, continuation du Cahier de Doléances des Dames du Tiers-Etat de la ville de Dunkerque.

Les Dames du Tiers-Etat de la ville de Dunkerque, considérant que le Cahier des Doléances dressé en Assemblée de l'Hôtel-de-Ville, les vingt-quatre, vingt-cinq et vingt-six Mars dernier, est insuffisant pour le bien de la province, ont unanimement résolu qu'il étoit de leur devoir d'y suppléer par quelques articles, persuadées que l'unanimité qui doit unir les deux sexes, doit les porter à s'aider mutuellement dans leurs foiblesses ; c'est pourquoi elles demandent :

1° Que les Edits Municipaux de 1764 et 1765, soient exécutés selon leur forme et teneur.

2° Que les Magistrats soient tenus de rendre compte de leur gestion et administration depuis la suspension desdits Edits Municipaux.

3° Que les commissaires départis et les subdélégués soient supprimés dans toutes les provinces.

3° Qu'il ne soit plus permis d'élire pour magistrats, des négocians, des officiers, des médecins, des chirurgiens et des courtiers de navire, parce qu'ils sont étrangers aux Loix et à la Jurisprudence.

5° Qu'il soit fait une réforme générale dans toutes les Amirautés de France.

6° Que lors de la réformation du Code Criminel, il soit présenté à Sa Majesté la justice et la nécessité d'accorder aux personnes injustement accusées, un dédommagement qui leur sera assigné sur les biens des personnes condamnées.

Arrêté le présent Cahier le vingt-cinq Avril mil sept cent quatre-vingt-neuf.

Etoit signé :

        Dames du Tiers-Etat de la Ville de Dunkerque.

ANNEXE IV

Note sur la carte, insérée au Tome II. Ire partie

C'est la reproduction d'une carte de Flandre, dont la partie qui intéresse la Flandre Maritime est seule donnée. Son titre est le suivant :

Carte du Comté de Flandre, *dressée sur differens morceaux levez sur les lieux, fixéz par des observations astronomiques, par Guillaume de L'Isle, de l'Académie des Sciences. A Paris, chez Dezauché, géogra. successeur des sieurs de L'Isle et Buache, rue des Noyers. Avec privilège pour vingt ans. MDCCLXXX.*

Mais cette carte, gravée en 1780, a été modifiée en 1790, au moment de la formation du département du Nord. En effet, elle porte encore les indications suivantes : **Département du Nord.** *Chef-lieu, Douai. Huit districts. Savoir : Douai, Cambray, Avesnes, Le Quesnoy, Valenciennes, Lille, Hazebrouck, Bergues....*

Il s'en faut cependant que cette carte soit excellente. Les noms des localités sont très souvent mal orthographiés : ainsi, Steenvoorde est écrit Estanforde, Rexpoëde devient Rexpoe, etc. La situation respective des lieux n'est pas toujours exacte. Enfin, ce qui est plus grave, la limite du département du côté des Pays-Bas, c'est-à-dire la frontière même de la France, n'est pas tracée rigoureusement. Du Nord et à l'Est de Bailleul, la frontière devrait suivre les pointillés (.....) que nous avons tracés et laisser ainsi Westoutre, Dranoutre et Nieukerke aux Pays-Bas. La carte ne tient pas compte des échanges opérés, en 1769 et 1779, entre les gouvernements français et autrichiens, pour rectifier la frontière.

Nous avons ajouté sur la carte un pointillé (.....) pour indiquer les divisions de la Flandre Maritime en châtellenies et territoires, et nous avons souligné les noms des chefs-lieu de châtellenie ou territoire.

GLOSSAIRE

Abonnement. — Contrat par lequel la province, en payant une somme annuelle, s'exemptait de la perception de certains impôts par les traitants.

Au moment de la création d'un nouvel impôt, le pouvoir central entrait en pourparlers avec l'Assemblée de la province ou Département. Celui-ci commençait toujours par se lamenter ; il étalait la misère de la province et implorait la justice du roi pour être exempté ; puis, quand ses doléances n'étaient pas accueillies favorablement, il marchandait son concours financier ; enfin, il obtenait le plus souvent un abonnement.

Le système de l'abonnement était avantageux à la fois à l'État et à la province : à l'État, parce qu'il lui assurait une somme constante, qui n'était pas soumise à des variations, le plus souvent désavantageuses ; à la province, parce qu'il dispensait les contribuables des vexations des agents du fisc et des traitants.

Le second avantage surtout était inappréciable ; car, suivant les propres termes de l'Intendant du Hainaut, Faultrier, il n'y avait « pas de commis qui ne voulût faire fortune dans la durée d'un bail, pas de commis qui ne fît souvent autant de mal que les droits eux-mêmes ». Dès lors on comprend que la régie des impôts était « un genre de perception en horreur aux flamands ».

La crainte des traitants était telle dans la Flandre Maritime que toujours le Département aimait mieux en passer par une augmentation d'abonnement que de se soumettre à cette calamité. Ce qui eut lieu, en 1704, à l'occasion du renouvellement de l'abonnement pour la capitation, est caractéristique. Le roi acceptait la prolongation du bail de 1701, mais à la condition que la province voulût accorder « une augmentation proportionnée aux besoins de l'Etat ». Les Magistrats répondirent que, dans l'état présent des affaires, il leur était impossible de donner davantage et que d'ailleurs S. M. tirait un secours plus considérable de l'abonnement qu'Elle n'en obtiendrait de la régie, si on l'établissait dans la province. L'intendant Barentin était d'avis de vaincre, dans l'intérêt même du pays, « la résistance des Magistrats et de les obliger d'augmenter l'abonnement d'une somme proportionnée à leurs forces, plutôt que de faire des affaires extraordinaires qui coûteraient infiniment aux peuples, par les vexations des traitants, sans utilité pour le service de S. M. » De leur côté, les Magistrats, après avoir tout considéré, préférèrent offrir une augmentation de 100.000[1] sur l'abonnement précédent, et le traité fut conclu à 700.000[1].

Etre délivré des traitants n'était pas pour la province le seul avantage des abonnements. Comme le gouvernement s'inquiétait peu de l'assiette de l'impôt, pourvu qu'il en touchât le montant, la province avait toute liberté de choisir le mode d'imposition le plus convenable. L'assemblée du Département n'intervenait d'ordinaire que pour rappeler les usages anciens ou pour indiquer les nouvelles résolutions prises dans les cas particuliers. Le choix appartenait uniquement aux Magistrats. Il est vrai que ceux-ci usèrent mal de cette liberté, et ce qui aurait dû être un avantage pour la province était souvent devenu, à la fin de l'Ancien Régime, une source d'abus.

AMORTISSEMENT ET DROITS D'AMORTISSEMENT. — Droits payés au roi par les gens de mainmorte (communautés laïques et ecclésiastiques) pour le dédommager des droits qui auraient frappé leurs biens à chaque mutation si ceux-ci étaient demeurés dans le commerce. En 1680, parut le premier arrêt relatif à la perception de ces droits dans les Pays conquis. Malgré les réclamations présentées au roi par les différents corps de la province, l'arrêt du Conseil d'Etat du 1er Février 1681, qui déchargea la province des droits de Franc-Fief et de Nouvel-Acquêt, maintint l'amortissement pour les communautés ecclésiastiques.

En Artois, Flandre et Hainaut, le droit d'amortissement se payait à raison de trois années de revenus des biens nobles ou en roture ; les hôpitaux et maisons de charité ne devaient que la moitié, soit un an et demi de revenu.

La perception de ce droit amena de nombreuses contestations entre le fermier et les ecclésiastiques. Le Cahier général du Clergé (T. II, p. 531-532) en indique les points principaux.

Dime. — La dîme était une portion des fruits de la terre ou des troupeaux que devaient les possesseurs des héritages aux décimateurs. On divisait les dîmes en dîmes ecclésiastiques, celles dont les bénéficiers jouissaient sans aucune charge féodale, à cause de leur bénéfice, et dîmes inféodées, celles que possédaient les laïques à titre d'inféodation soit de l'église, soit du roi ou de quelque seigneur.

On appelait grosses dîmes celles qui se percevaient sur les fruits faisant le principal objet de la culture du pays, par opposition aux menues dîmes levées sur les autres fruits. Les vertes dîmes étaient perçues sur les fruits qui se consomment en vert (pois, fèves, etc.)

A distinguer aussi les dîmes anciennes, celles perçues depuis un temps immémorial, et les dîmes novales, perçues sur les terres récemment défrichées et qui de temps immémorial n'avaient pas été cultivées.

Les dîmes ordinaires étaient celles qui n'excédaient point ce que l'on avait coutume de donner au décimateur suivant l'usage du lieu ; les dîmes insolites étaient des dîmes extraordinaires, soit par rapport à la nature des fruits sur lesquels le décimateur voulait les percevoir, soit par rapport à la quotité et à la forme de la perception.

La dîme n'était pas toujours la dixième partie des fruits comme ce mot semble l'indiquer ; c'était quelquefois, dans la Flandre Maritime, la douzième, la quinzième ou même la cinquantième.

La dîme devait se payer en espèces, et il était défendu d'enlever les fruits sujets à la dîme sans l'avoir payée au décimateur qui venait la prendre sur le champ.

Pour faciliter la perception de la dîme, les cultivateurs devaient mettre les gerbes par tas égaux. Les décimateurs avaient le droit de commencer à prendre les gerbes par tel endroit du champ qu'ils jugeaient à propos.

La dîme de sang sur les agneaux, veaux, cochons et autres animaux se payait en différents temps, suivant les paroisses et l'usage des lieux.

Décimateurs. — Le décimateur était celui qui était en droit de percevoir une dîme, soit ecclésiastique, soit inféodée. On appelait gros décimateurs ceux qui percevaient les grosses dîmes, les curés n'ayant, dans ce cas, que les menues et vertes dîmes et les novales.

Quand les revenus d'une cure étaient insuffisants pour la subsistance du curé, les gros décimateurs étaient tenus de lui payer une portion congrue. Ils devaient également payer la portion congrue des vicaires, dont le nombre était réglé par l'évêque.

On distinguait aussi les décimateurs ecclésiastiques

qui avaient droit à la dîme, à cause de leurs bénéfices, et les décimateurs laïques, qui tenaient des dîmes inféodées.

Les gros décimateurs étaient tenus d'entretenir et de réparer le chœur et le cancel des églises paroissiales, de fournir les calices, les livres nécessaires, les ornements pour le service divin, quand les revenus des fabriques étaient insuffisants pour ces dépenses. Ils devaient alors contribuer à raison du revenu de deux années sur six.

Les gros décimateurs de la Flandre Maritime comme ceux des autres provinces, s'efforçaient de se soustraire à leurs obligations, tout en faisant rendre à leurs dîmes tout ce qu'elles pouvaient donner. De là des conflits très nombreux entre les décimateurs et les habitants, et qui avaient pour objet les cinq points suivants : 1° la fixation des portions congrues des curés ; 2° l'entretien des vicaires et coutres ; 3° la réparation des églises, l'entretien des ornements et autres choses nécessaires au service divin ; 4° l'entretien des maisons presbytérales ; 5° le paiement des dîmes des colzas et autres graines extraordinaires.

Le procès connu sous le nom de *procès des cinq points* ne fut jamais terminé et les conflits entre les décimateurs et les communautés d'habitants durèrent jusqu'à la Révolution.

Droit d'issue. — Le droit d'issue, appelé encore droit d'écart, est « le dixième denier [1] des biens tant meubles qu'immeubles ; il est exigible dans tous les cas où un bourgeois quitte le lieu de sa demeure pour aller habiter dans un autre endroit qui n'est pas de la même juridiction, ou bien lorsqu'un étranger vient recueillir une succession sur un territoire, sans cesser d'habiter celui

---

1 Dans certaines localités, on payait le 12°. Cf Zeggers-Cappel (p. 141) 6.

auquel il appartient par le droit de bourgeoisie ».
(Gamonet, *Mémoire en forme de lettre sur l'état présent de
la Flandre Maritime*. Bruxelles. 1766. p. 27). Ce droit
d'issue avait donc pour objet de retenir les personnes et
les biens dans la commune et plus particulièrement dans
la bourgeoisie. Dès le XVIe siècle, on avait remarqué ce
qu'il y avait d'injuste à prélever cette sorte de droit
d'aubaine entre les habitants d'une même province, et
plusieurs bourgeoisies avaient formé entre elles des
alliances pour se dispenser mutuellement de cette taxe :
Bergues et Bourbourg notamment s'étaient unis. Vers le
milieu du XVIIIe siècle, l'assemblée qui représentait les
Etats de la Flandre Maritime — le Département, comme
on disait — proposa aux Magistrats et bourgeoisies de
la province de faire entre eux une confraternité, dite
Hanserie. En 1760, on rédigea un projet qui ne s'appliquait qu'aux bourgeois des villes des deux Flandres,
Maritime et Wallonne; les non bourgeois et les étrangers
resteraient soumis au droit d'issue. Mais la réforme
échoua. Les fermiers généraux avaient fait valoir qu'ils
étaient en droit de percevoir, pour le roi, une part des
issues. On prévoyait que certains seigneurs, qui étaient
dans le même cas, demanderaient des indemnités. Enfin,
le produit des droits d'issue constituait, pour certaines
villes, une ressource importante. Cette taxe produisait,
à Bailleul, en 1717, 2,928 livres ; en 1747, 6957 livres ; en
1777, 9472 livres ; à Estaires, en 1786, 2551 livres.

Droits domaniaux. — Les droits domaniaux levés
pour le roi étaient de deux sortes : C'étaient 1° ceux dont
il jouissait en qualité de seigneur dans les terres de son
domaine propre : tonlieux et péages, rentes et redevances
en grains ou en argent, relief des fiefs, lods et ventes, etc. ;
2° ceux qui lui appartenaient en qualité de souverain :
l'amortissement, le franc-fief, les nouveaux-acquêts, etc.,

et qu'il percevait en raison de la police générale : le contrôle des actes, les insinuations, le centième denier, etc.

En général, ces droits furent, dans la Flandre Maritime, l'objet d'interminables contestations entre les administrateurs et le fermier du domaine, en raison, soit de l'oubli où ces droits étaient tombés, soit des privilèges de la province qui s'opposaient à leur perception.

1° Le Domaine fixe du roi était peu considérable. Il consistait en droits d'Espier (*Voir à ce mot*), droits de vent pour les moulins, en revenus de quelques parcelles de terre et des coupes faites dans les forêts royales.

2° Comme souverain, le roi fit percevoir les droits des Quatre Membres (*Voir à ce mot*), confisqués sur la province et essaya d'établir dans la Flandre Maritime des taxes dont ce pays se prétendait exempt : le franc-fief que les roturiers devaient payer régulièrement pour la possession de fiefs ; le nouvel-acquêt payé par les roturiers au moment de l'acquisition des héritages nobles ; l'amortissement dû par les communautés ecclésiastiques et laïques pour la possession de leurs biens. La province put échapper aux deux premiers impôts, mais l'amortissement fut maintenu pour les propriétés ecclésiastiques. Elle dut encore payer le contrôle des actes, les insinuations et le petit scel, mais par abonnement (*Voir à ce mot*). Dans les droits domaniaux, il faut encore comprendre l'impôt sur les cartes, la marque du cuivre, les droits sur les huiles, ceux sur le cuir, ceux sur l'amidon et la poudre à poudrer, etc. La Flandre Maritime conserva jusqu'à la fin de l'ancien régime le privilège d'être exempte de la Gabelle et de la ferme du tabac.

EDITS DE 1764 ET 1765. — Les édits d'Août 1764 et de Mai 1765 supprimèrent les corps municipaux en exercice (*Voir* au mot *Magistrat*) et instituèrent la liberté des élections municipales. Dans les villes de 4.500 âmes et au-dessus, le corps de ville devait être composé d'un maire, de 4 échevins, de 6 conseillers, et en outre d'un syndic-receveur et d'un secrétaire-greffier, qui n'avaient pas voix délibérative. Ils devaient tous être élus par une assemblée de notables. Le maire seul était choisi par le roi sur une liste de trois candidats présentés par eux. Il devait avoir rempli déjà les fonctions d'échevin ; les échevins avaient dû être conseillers et les conseillers ne pouvaient être choisis que parmi les notables. Le maire restait trois ans en charge et ne pouvait être réélu qu'après un intervalle de trois années ; les échevins étaient en fonctions pour deux ans, les conseillers pour six. Les notables étaient nommés tous les quatre ans par les députés des différents corps et corporations des villes, et parmi ces corps. Ainsi, les notaires et procureurs choisissaient un notable dans leur classe ; les négociants en gros, boutiquiers et chirurgiens, trois ; les artisans, deux, etc... Les notables — et, à plus forte raison, les conseillers municipaux — devaient avoir 30 ans au moins, et être domiciliés dans la ville.

Pour les villes de moins de 4.500 habitants, l'organisation était semblable, mais le corps municipal était réduit.

Dans les lieux, villes ou villages, où le seigneur était en droit de nommer des échevins, le roi lui permettait seulement de choisir le maire, parmi trois sujets élus par les habitants.

Les édits de 1764 et de 1765, ayant été enregistrés au Parlement de Paris, les villes de Gravelines, de Bourbourg et de Dunkerque eurent des municipalités élues. Les corps municipaux de ces deux dernières villes s'entendirent pour élaborer une requête qu'ils présentèrent au roi ; ils démontraient la nécessité d'accorder aux villes de la province, qui étaient du ressort du

Parlement de Flandres, les avantages des édits de 1764 et 1765 : les corps municipaux, disaient-ils, ne sont composés que des créatures de l'intendant. Celui-ci pour opérer le renouvellement des Magistrats, s'en rapporte à ses subdélégués. Les subdélégués se font nommer aux meilleures places et ils désignent aux autres leurs enfants, leurs gendres, leurs parents, leurs amis. Le subdélégué général a naturellement dans sa dépendance les subdélégués particuliers, et ainsi les villes lui sont soumises. C'est ce qui explique pourquoi les villes de la province sont restées si longtemps silencieuses et que Cassel, Bailleul, etc., sont encore dans l'inaction. Qu'on leur applique donc les édits de 1764-1765 ! Tous les Magistrats de la Flandre Maritime, ne devant plus rien au subdélégué général, feront cause commune avec les municipalités de Dunkerque et de Bourbourg.

Mais les Magistrats en charge demandèrent à être exemptés de l'exécution de ces édits. Le Magistrat de la ville et châtellenie de Bergues fit un Mémoire où il prétendait démontrer que son administration était « aussi bien réglée et entendue qu'économique ». En réponse à la Requête des Corps municipaux de Dunkerque et de Bourbourg, la Cour de Cassel élabora, en assemblée du Département, des « Représentations sur l'exécution des édits municipaux en Flandre ». Les députés faisaient valoir l'impossibilité pour des officiers changeant fréquemment de s'instruire dans les affaires contentieuses, de connaître le droit criminel, de s'entendre « à la manutention des impositions », surtout de s'acquitter du service des troupes royales, qui ne peut être fait que par des gens qui n'ont de comptes à rendre qu'à l'autorité supérieure. Enfin, le roi ne doit pas se dessaisir du droit de choisir ceux des habitants qui montrent du zèle pour son service. « Qui pourra répondre, lorsque chaque ville se croira en république administrée par elle-même qu'elle ne sera jamais composée que d'habitants qui aient toujours des idées justes et des intentions pures ? L'expérience l'a fait voir en Flandres : abandonner les peuples à leurs forces, c'est presque toujours les exposer à en abuser ».

Ces protestations donnèrent gain de cause aux anciens Magistrats : non seulement, les édits de 1764-1765 ne furent pas appliqués dans les villes de la Flandre Maritime, autres que Dunkerque, Bourbourg et Gravelines, mais encore ils furent révoqués, en 1771, dans tout le royaume. L'édit de novembre 1771, œuvre de l'abbé Terray, fut rendu pour des motifs purement fiscaux, bien que son préambule soit plein de belles raisons d'utilité générale. On érigea donc encore une fois en titre d'offices formés et héréditaires les maires, les échevins, etc. Sur les pressantes instances du député de la Flandre Maritime à Paris, les Intendants des finances et le Contrôleur général, convenant des inconvénients de la vénalité pour ces offices en Flandres, promirent qu'on ne les vendrait pas à des particuliers ; mais « comme le roi avait un besoin pressant d'argent » il fallut financer néanmoins. Le Contrôleur des finances fit savoir qu'on se précipitait pour acheter ces charges et que pour « la ville de Dunkerque seule, il y avait dans les bureaux de M. Bertin pour 150,000¹ de soumissions ». Cette petite manœuvre permit au gouvernement de se montrer plus exigeant. Lenglé de Schoebèque (*Voir à ce nom*) annonça au Département, le 1ᵉʳ avril 1773, qu'il avait obtenu l'exemption « au moyen de 30,000¹ par dessus la finance de 1725, que nous abandonnons et qui n'est pas un sacrifice, puisqu'il est certain qu'on ne saurait plus payer les intérêts ». Il ajoutait : « *Je ne crois pas qu'il soit nécessaire que le public sache ce qu'on paie, mais il peut savoir que c'est chose arrangée* ».

Le public, en effet, aurait sans doute réfléchi que ces 100,000 livres, ajoutées aux sommes qu'il payait depuis 1692 pour le rachat des offices municipaux, étaient une charge bien lourde pour le pays, dont l'utilité était contestable, puisque, de toute façon, il n'avait aucune part à la nomination des Magistrats, que choisissait l'intendant ou son subdélégué général.

ESPIER et RENTES D'HOFLANDE. — Cens annuel qui consistait en une prestation de grains ou en une somme d'argent que devaient payer certaines terres.

FERMES. — Les coutumes de la Flandre Maritime protégeaient les petits occupeurs contre l'avidité des gros fermiers et des gros propriétaires (Cf. t. II. p. 361 note 2, les articles cités de la coutume de la châtellenie de Bourbourg). Les propriétaires ne pouvaient pas réunir plusieurs fermes en une seule, ni laisser tomber en ruine les bâtiments de celles qu'ils n'occupaient pas ; ils devaient les louer. Il était défendu aussi au même fermier d'exploiter plusieurs fermes. Mais peu à peu ces prescriptions étaient tombées en désuétude et, à partir du XVIIIe siècle surtout, certains propriétaires, notamment l'abbaye de St-Winoc, à Bergues, s'étaient rendus acquéreurs de nombreuses petites censes, qu'ils avaient louées à quelques fermiers seulement, après en avoir démoli les bâtiments. De là les nombreuses plaintes des cahiers (Cf. la *Table des Matières* au mot : *Fermes*) contre cet accaparement.

LENGLÉ DE SCHOEBÈQUE. — Lenglé de Schoebèque était le personnage le plus important de la Flandre Maritime. Premier conseiller pensionnaire et greffier de la Cour de Cassel, subdélégué de l'intendant, à Cassel, subdélégué général de la province, il menait à sa guise l'assemblée provinciale du Département, et avait la haute main sur l'administration générale du pays. Il s'était fait nommer directeur des pavés dans le district de Cassel, inspecteur général des chaussées, commissaire général pour la régie des droits des Quatre Membres (*Voir à ce mot*) et chargé des affaires du département à Paris.

Il est certain que, dans toutes ces fonctions, il rendit de grands services à la Flandre Maritime. Il obtint notamment, à plusieurs reprises, des abonnements (*Voir à ce mot*) aux impôts. Mais il se montra toujours avide de pouvoir et d'argent. L'enquête faite par les commissaires nommés par les députés de la Flandre Maritime à l'Assemblée Nationale, à l'effet de prendre inspection des comptes, est pour lui une charge accablante. Lui-même n'avait pas la conscience tranquille, car, dans un testament fait par lui en 1788, il recommandait à ses héritiers de restituer à l'administration de la Flandre Maritime, une somme de 100.000 livres ou même davantage.

Tout cela explique les plaintes nombreuses portées par les cahiers contre Lenglé de Schoebèque, la demande de l'exclure de l'Assemblée électorale, que firent les députés du Tiers-Etat, à Bailleul, les poursuites dirigées contre lui, et sa mort sur l'échafaud.

MAGISTRAT. — On donnait ce nom au Conseil municipal des villes et des villages de Flandre. Il avait à la fois des attributions judiciaires et administratives. Le Magistrat ou, comme le dénomment les coutumes « le Seigneur et la Loy », était composé presque partout de la même manière. Il n'y avait de différence que dans le nombre et dans la dénomination des officiers, suivant l'importance et les usages de la communauté. Un Grand-Bailli représentait le Seigneur ; des Echevins représentaient la Loy. Les échevins avaient à leur tête un bourgmestre, mayeur ou avoué. Le Magistrat comprenait en outre un certain nombre d'officiers qu'on appelait Conseillers pensionnaires ; des greffiers, un receveur ou trésorier, etc., complétaient le personnel. Certaines administrations possédaient encore des officiers particuliers : Dunkerque avait un procureur syndic, Bailleul des pacificateurs, etc.

Le grand bailli et les autres officiers qui exerçaient au nom du seigneur — l'écoutète à Bailleul, par exemple, — n'étaient pas juges. Leurs fonctions se bornaient à semondre les échevins pour rendre la justice et, en qualité de ministère public, à requérir l'application de la loi. Il n'était pas nécessaire qu'ils eussent des connaissances juridiques. Dans les questions administratives ils avaient voix délibérative et prenaient part à la régie des biens et revenus de la communauté comme les autres membres du Magistrat.

Le grand bailli tenait la première place dans les assemblées et dans les cérémonies publiques, mais le véritable chef du corps municipal était le bourgmestre. Il dirigeait les débats, recueillait les voix et, d'après les délibérations, prononçait au nom de la Loy. A lui revenait le soin de défendre les bourgeois et les bourgeoises et d'une façon générale tous les habitants, de veiller au bien des mineurs et des orphelins, de faire observer les privilèges, coutumes et statuts de la ville, enfin de protéger les droits de la communauté, même contre les officiers du roi.

Les échevins, sous la présidence du bourgmestre, avaient voix délibérative dans toutes les questions de justice et d'administration. Comme ils n'étaient pas nécessairement licenciés en droit, chaque corps de Magistrat avait des conseillers-pensionnaires. Leur nombre variait en raison de la population, du commerce, de l'industrie, en un mot de l'importance des localités. Les conseillers-pensionnaires recrutés le plus souvent parmi les avocats du pays, qui connaissaient à fond le droit et les coutumes, étaient l'âme du Magistrat. Ils rédigeaient les procès-verbaux des séances, les mémoires, les lettres, etc. ; ils étaient rapporteurs des procès, expliquaient la loi et les points en litige et donnaient leurs avis.

A la vérité, ils n'avaient que voix consultative ; mais, comme ils étaient par la nature de leurs fonctions plus au courant des affaires judiciaires et administratives que les échevins, ceux-ci adoptaient ordinairement leurs opinions.

Avec les officiers, qui représentaient le seigneur, avec les greffiers et les receveurs, les conseillers-pensionnaires formaient dans les corps municipaux un petit état-major de fonctionnaires permanents, qui maintenaient l'esprit de suite dans l'administration et dans la justice. Les charges de Grand Bailli, etc., étaient en effet perpétuelles et héréditaires, du moins dans les domaines du roi, en vertu de leur aliénation. Les conseillers-pensionnaires étaient choisis par le Magistrat, avec l'agrément de l'intendant, et exerçaient leurs fonctions leur vie durant.

Les échevins au contraire étaient renouvelables tous les ans. Les qualités requises pour faire partie de l'échevinage, les conditions ou incompatibilités n'étaient pas les mêmes dans toutes les villes. Elles variaient d'après les coutumes particulières et les privilèges de chacune d'elles. Une condition généralement exigée était la qualité de bourgeois de la ville et d'habitant de la paroisse. Un arrêt du Parlement de Flandre du 8 juillet 1783 cassa la nomination faite par le seigneur de Steenwerck de la personne du sieur Thierry d'Ingheland, avocat, comme premier échevin de la seigneurie, parce qu'il demeurait à Bailleul.

D'autres coutumes restreignaient encore le choix : ainsi deux proches parents, père et fils, beau-père et beau-fils, deux frères, etc., ne pouvaient pas faire partie du même collège. D'ordinaire, les riches bourgeois seuls étaient nommés. A Dunkerque, les échevins étaient pris parmi les habitants notables. A Bergues, le corps municipal était toujours composé de « nobles, gradués et de personnes qui vivaient de leurs rentes ». A Bailleul, les artisans ne pouvaient entrer dans le Magistrat que s'ils avaient cessé de se livrer à tout travail depuis un certain temps. Voici ce qui se passa à propos de l'achat de l'office d'écoutète : en 1771, un vitrier de Bailleul, Charles-Joseph Pourrie, qui avait fait l'acquisition de cette charge, prétendit se faire installer au Magistrat. Celui-ci refusa, « à cause de l'incompatibilité qu'il y a entre son métier et les fonctions et prérogatives de l'office d'écoutète », et demanda au Roi la permission de rembourser le vitrier de son achat et de réunir l'office à son corps ; ce qui fut accordé et accompli.

Le droit de conférer les places d'échevins appartenait à l'autorité souveraine : aux seigneurs dans les rares villes inféodées ; au roi, en qualité de comte de Flandres, dans la plupart.

C'était le représentant direct du roi dans la province, l'intendant, qui était chargé, en vertu d'une commission particulière, de renouveler le Magistrat tous les ans ou plus ou moins souvent, suivant qu'il plaisait au gouvernement. Il en était ainsi à Dunkerque, à Bergues, à Cassel, à Bailleul, etc. Ailleurs, par exemple, dans la prévôté de Saint-Donat, sise à Bergues, « les gens de loy » étaient renouvelés chaque année par des commissaires désignés par l'évêque de Bruges, seigneur héréditaire de cette prévôté. Jusqu'en 1784, le Magistrat de Merville fut renouvelé par le chapitre de Saint-Amé, de Douai, mais par arrêt du Conseil du 25 mai de cette année, le Roi, devenu seigneur de Merville, ordonna que les places de mayeur, échevins et autres officiers municipaux de cette ville seraient conférées à l'avenir par l'intendant.

Quand, par suite d'un décès ou pour toute autre cause, une vacance se produisait dans le Conseil échevinal, la coutume voulait que le Magistrat nommât le remplaçant. Louvois ordonna à l'intendant de le choisir luimême, dans une liste de trois candidats présentés par le Magistrat.

Pour faire ces nominations partielles ou le renouvellement complet, l'intendant présentait d'ordinaire un état des personnes qu'il jugeait dignes d'être nommées, au grand bailli, aux pensionnaires et au curé ; après avoir reçu leur approbation, il installait les nouveaux fonctionnaires.

On le voit, l'intendant était tout puissant dans le choix des échevins et il ne se faisait pas faute de peupler les corps municipaux des gens les plus souples et les plus dévoués à sa personne. Malgré les prohibitions pour cause de parenté, malgré les renouvellements fréquents, l'échevinage devint la propriété exclusive de quelques riches familles bourgeoises. On ne tenait aucun compte de la parenté et les renouvellements ne se faisaient souvent que pour la forme. En outre, tous les prétextes étaient bons pour proroger pendant plusieurs années le Magistrat en fonction.

Il faut avouer d'ailleurs que les sujets n'étaient guère nombreux dans les campagnes, ni même dans les villes, et c'est ce qui explique en partie pourquoi, en parcourant les listes échevinales, on voit les mêmes noms revenir sans cesse. Quoi qu'il en soit, l'échevinage était la propriété exclusive d'une caste étroite, qui absorbait à son profit les avantages multiples que lui procuraient les **attributions à la fois judiciaires et administratives des Magistrats.**

Moulage (Droits de). — Droits sur le blé ou la farine à faire le pain. La difficulté de percevoir en nature ces droits, qui étaient, vers 1759, de 7 sols 6ᵈ par sac, les avait fait convertir en imposition personnnelle de 15 sols par personne.

Nattedeurwaert. — Nous ne savons pas exactement ce que veut dire ce mot. Il est composé de *Natte* ou *Nat* qui signifie *eau, liquide*, et de *deurwaert*, que l'on peut traduire par *tonlieu*. C'était probablement un droit sur les boissons.

Quatre Membres (Droits des). — Au temps de la domination espagnole, les quatre grandes administrations de Gand, Bruges, Ypres et du Franc de Bruges, qui représentaient les Etats de Flandre et qu'on appelait les Quatre Membres, faisaient lever certains droits sur les boissons et les bestiaux pour subvenir aux charges provinciales (le don gratuit et les dépenses extraordinaires). Lors de la prise de Bergues, Louis XIV se fit rendre compte de tous les revenus du pays, et trouva dans la caisse du receveur le produit de ces droits, qui devait être versé entre les mains du receveur du Franc de Bruges, d'où Bergues dépendait. Mais, par suite de la conquête française, Bergues et Bruges se trouvaient sous deux dominations différentes. Louis XIV, considérant ces revenus comme propriété des ennemis, les confisqua et les réunit au Domaine. Il fit de même dans toutes les autres villes de la Flandre Maritime.

Les droits des Quatre Membres comprenaient des taxes sur toute espèce de consommation, vin, bière, cidre, eau-de-vie, etc. ; sel, poisson et chairs salées ; farine à faire le pain (voir au mot *Moulage*), bestiaux en pâture (voir au mot *Vaclage*), bestiaux tués (voir au mot *Tuage*) bestiaux à leur sortie de Flandre (*Vidangle*). Sous la domination espagnole, les Etats faisaient affermer, deux fois par an, dans chaque châtellenie, la perception de ces droits. Ils avaient soin d'empêcher les fermiers de se montrer trop rigoureux. Il n'en fut plus de même sous l'administration française. Le fermier qui, vers la fin du XVIIe siècle, payait au roi 970.000¹, se montra impitoyable. Les habitants furent tellement tracassés et vexés par ses commis que le Département se chargea, en novembre 1705, de recueillir les faits qui leur étaient imputés pour en faire un Mémoire qu'il envoya à l'intendant. Malgré tout, les vexations continuèrent. En 1716 et 1730, la plupart des échevinages de la châtellenie de Cassel portèrent leurs plaintes à l'Intendant.

Les commis des fermes ne voulaient pas restituer les sommes qu'ils avaient perçues sur les bestiaux sortant de Flandre, quand ces mêmes bêtes, non vendues dans les Pays-Bas, étaient ramenées dans le pays, sous prétexte que les paysans sortaient des bêtes grasses qu'ils vendaient et faisaient rentrer des vaches maigres. Les intendants Maignart de Bernières et Bidé de la Granville condamnèrent les fermiers à restituer les sommes illégalement retenues. Plus tard, vers 1747, sous prétexte que la grande consommation de l'hydromel faisait tort à la perception des droits sur l'eau-de-vie, les employés des domaines dressèrent de nombreux procès-verbaux contre ceux qui fabriquaient et vendaient cette boisson, avec défense de continuer sous peine de 2.000¹ d'amende.

La continuité de ces embarras et de ces vexations détermina le Département à supplier le roi de distraire la perception des droits des Quatre Membres du bail général des fermes en faveur de la province. Ses offres furent tentantes : les droits étaient affermés 525.000¹ ; on proposa 600.000¹ et de plus, « vu le mauvais état du royaume, on offrit d'affecter le produit annuel de ces droits comme hypothèque d'un emprunt de 8 millions. »

Il n'en fallait pas tant pour décider le gouvernement de Louis XV à accepter.

La mise à exécution de ces mesures amena dans l'Assemblée du Département de graves dissensions qui donnèrent naissance à des Mémoires très violents contre l'assemblée provinciale et particulièrement contre l'homme qui la menait à sa guise, le sieur Lenglé (*Voir à ce nom*), à la fois conseiller-pensionnaire de la Cour de Cassel et subdélégué général de l'Intendant.

L'arrêt du Conseil du 13 novembre 1759 avait accordé à la province la perception des droits des Quatre Membres. Il suffisait de quelques changements pour transformer la ferme en régie : on pouvait conserver les mêmes employés, établir un trésorier pour l'emprunt de huit millions et nommer une commission administrative pour surveiller les opérations financières. C'est ce qui se fit tout d'abord dans une assemblée générale tenue à Cassel le 10 décembre 1759, par devant l'intendant Caumartin. Lenglé fut nommé « commissaire perpétuel de la province » pour la régie des Quatre Membres, au traitement de 6000¹ et l'ancien directeur de la ferme, Gamonet, fut continué dans sa place. Mais, vers la fin de la séance, Gamonet offrit de se charger de la perception des droits en donnant 615.000¹, et de soumettre son travail à l'examen de l'assemblée, dans les mêmes conditions que le feraient des régisseurs. Lenglé fit valoir les avantages de la ferme sur la régie et enleva la délibération de l'assemblée en faveur de MM. de Forceville, commissaire des guerres, de Forceville de Méricourt et Gamonet, directeur des Quatre Membres. En conséquence un bail fut passé le 27 décembre 1759. Par cette conversion de la régie en ferme, la province ne faisait que changer de traitants, puisque MM. Forceville et Gamonet remplaçaient les fermiers généraux : Gamonet, qui était à la fois fermier et directeur-receveur, avait un intérêt personnel à tenir rigueur aux redevables et à faire monter la recette.

Aussi la province ne reçut-elle aucun soulagement de la transformation effectuée. Six ans s'écoulèrent cependant sans réclamations, bien que les fermiers eussent fait des gains énormes. Mais, à la suite de la réforme municipale de 1764-1765 (*Voir au mot : Edits de 1764*), les villes de Dunkerque et de Bourbourg, qui étaient du ressort du Parlement de Paris — où les édits avaient été enregistrés — purent nommer leurs Magistrats librement. Ces deux administrations furent les premières à déférer au Roi les résolutions prises dans l'assemblée de décembre 1759, ainsi que le bail passé en conséquence et à en demander la nullité. Elles se fondaient particulièrement sur ce que l'arrêt du Conseil avait accordé à la province la *régie* des Quatre Membres et non le *pouvoir d'affermer* ces droits. A la suite de la requête des Magistrats de Dunkerque et de Bourbourg, plusieurs nobles vassaux de la châtellenie de Bailleul se plaignirent que le bail eût été passé sans les formalités usitées et requises, et que la province se fût dépouillée de son autorité sur les fermiers pour en revêtir uniquement le sieur Lenglé. Ces réclamations furent entendues, et un arrêt du Conseil du 30 juin 1766 ordonna la perception de ces droits au profit du Roi, qui les *aliéna* pour dix ans à Nicolas Remy. Mais le Département ne cessa pas de demander le rétablissement de la perception des Quatre Membres à son profit.

En 1784, à la fin du bail de Nicolas Remy, le Département supplia S. M. de lui accorder la levée de ces droits moyennant 750,000 l. Le Contrôleur général, en août 1784, n'accepta pas à moins de 800,000 l, plus 23,000 l comme indemnité à la ferme générale, dont on distrayait les droits de *Vidangle* et ceux sur les sels, et à condition de verser au trésor royal 10 millions à titre de cautionnement. Dans une session, tenue à Cassel en septembre 1784, l'assemblée organisa cette fois la régie, dont Lenglé fut commissaire pour la province.

Malgré la redevance énorme, payée annuellement au Roi, la province fit, comme l'avait prévu Lenglé « une excellente affaire ». D'après un état dressé le 9 septembre 1786, les bénéfices de la régie des Quatre Membres montaient — tous frais déduits — à 167,605¹ 8ˢ 8ᵈ.

Mais — comme l'écrivait Lenglé de Schoebèque dans un Mémoire, ajouté en 1789 au Cahier de la Noblesse — ces droits, rendus à la province à titre onéreux, lui appartenaient. « C'est, disait-il, son patrimoine, à l'instar de l'Artois et de la Flandre Wallonne, qui par les capitulations ont conservé leurs octrois, avantage que la Flandre Maritime seule n'a pu se procurer, parce que, conquise par parties, Louis XIV s'empara de la ville de Bergues en 1667, qui était du membre de Bruges, où elle devait remettre ses fonds, mais le Roi s'opposa à cette remise et se les appropria.... Il est de la justice et de la bienfaisance de S. M. de venir au secours de la province en lui rendant son ancien patrimoine ».

RENTES CONSTITUÉES. — La constitution de rentes est un contrat par lequel l'une des parties vend à l'autre une rente annuelle et perpétuelle dont elle se constitue débitrice pour un prix convenu, qu'elle reçoit de l'acquéreur de la rente, sous la faculté de pouvoir racheter cette rente lorsqu'elle le jugera à propos, moyennant le prix qu'elle a reçu, et sans être obligée à ce rachat.

L'Edit d'août 1749, concernant les établissements et acquisitions des gens de mainmorte, avait défendu aux gens de mainmorte d'acquérir des rentes constituées sur des particuliers, en aucun cas et à quelque titre que ce fût, sans avoir obtenu des lettres patentes. Une déclaration du Roi du 15 janvier 1781 avait renouvelé «expresse inhibition et défense à tous les gens de mainmorte d'acquérir, recevoir ni posséder à l'avenir aucune rente constituée sur des particuliers... » mais avait validé cependant les constitutions sur particuliers qui avaient été faites jusqu'alors.

STAENDE-SEKER (écrit Estaendezecker dans le Cahier du Petit Robermets, t. I, p. 463 et Staendezeether dans celui de Neuf-Berquin, t. I, p. 301). — C'était une forme d'hypothèque spéciale à la Flandre flamingante. De Ghewiet, dans ses *Institutions du droit belgique* (t. I, Bruxelles, 1758, p. 326) s'exprime ainsi à ce sujet : « Il y a une hypothèque assez particulière dans la Flandre flamande, appelée *Staende-Seker*, qu'on donne provisionnellement pour sûreté, sans qu'il soit dû droit seigneurial qu'après deux termes de trois ans chacun, lesquels deux termes écoulés, la sûreté provisionnelle passe en hypothèque absolue, et il en est dû droit seigneurial, ainsi qu'il en est disposé par le placard du 21 janvier 1621 ».

TRANSPORT DE FLANDRE. — On appelait ainsi le cadastre, qui avait été établi en 1309, pour répartir l'impôt que la Flandre devait payer en amende à Philippe-le-Bel. Cette appellation lui fut donnée parce que le roi de France avait accepté, au traité de Pontoise (1312), en échange des sommes qui lui restaient dues, le *transport* à son profit des villes de la Flandre Wallonne. Ce cadastre de 1309 avait été établi pour toutes les localités de la Flandre, suivant les ressources effectives de chacune d'elles, les richesses de son territoire, son industrie, son commerce. Mais, dans le cours des temps, la fortune relative des localités s'était modifiée et le cadastre avait été réformé, notamment en 1408, 1517 et 1631. Sous la domination française, il fut question de refaire un cadastre général, mais l'administration de la province se borna à établir, d'après la proportionnalité du transport de Flandre de l'année 1631, un tarif pour les pays devenus français. D'après le dernier tarif en vigueur, qui remontait à 1719, dans 100 livres, la châtellenie de

Cassel devait contribuer pour.........	42¹ 12ˢ 9ᵈ 1/2
La châtellenie de Bergues pour........	28 7 4 1/2
» Bailleul »	16 3 8 1/2
» Bourbourg »	6 16 2 3/4
Le territoire de Dunkerque »	2 7 2 1/4
Merville avec 1/4 déduit »	3 2 8
Wervicq pris à 1/5 »	7 8
Warnèton » »	3 0
	100ˡ 0ˢ 0ᵈ

La quotité attribuée à chaque district dans 100ˡ formait ce qu'on appelait son *transport*. Il suffisait de multiplier ce *transport* autant de fois qu'il était nécessaire, c'est-à-dire d'imposer plusieurs *transports*, pour déterminer sa quote-part dans une somme donnée.

TUAGE. — Droit que l'on payait pour l'abatage du bétail. Il y avait les droits de grand tuage quand il s'agissait de gros bestiaux et ceux de petit tuage pour les porcs, les moutons, etc. Ces droits étaient perçus par les employés des fermes. Pour les sommes payées par les localités, voir à la TABLE DES MATIÈRES, au mot : TUAGE.

VACLAGE. — Droits payés par les agriculteurs pour les vaches et chevaux qu'ils mettaient en pâture. Ils étaient perçus par les employés des fermes. Pour les sommes payées par les localités, voir à la TABLE DES MATIÈRES, au mot : VACLAGE.

VIERSCHAERES. — Les Vierschaeres étaient des tribunaux qui, dans la châtellenie de Cassel, étaient restés dans la main du seigneur de la terre (qui était le roi de

France, depuis la conquête). On a beaucoup discuté au sujet de l'étymologie de ce mot. L'opinion qui lui donne la signification de tribunal à quatre bancs (ceux du seigneur, de la loi, du demandeur et du défendeur, est la plus vraisemblable.

Il y avait, dans la châtellenie de Cassel, 8 vierschaeres et leur juridiction s'étendait sur 27 villages. C'étaient : 1° la Vierschaere de l'Ambacht ou des onze paroisses ; 2° la Vierschaere de Steenvoorde ; 3° celle d'Hazebrouck ; 4° celle de Broxeele ou West-Vierschaere ; 5° de Zeggers-Cappel ou Nord-Vierschaere ; 6° de Staple-Bavinchove ; 7° d'Ebblinghem-Zercle et 8° de Renescure. Chacun de ces sièges se composait d'un bailli, d'échevins et de greffiers, absolument comme les échevinages des villes et des villages ; mais il ne rendait la justice qu'au civil. Au dessous de ces tribunaux, se trouvaient encore d'autres juridictions inférieures. Le ressort de la *Vierschaere* d'Hazebrouck s'étendait par exemple, dans la ville et paroisse, sur 21 seigneuries dont quelques-unes avaient droit de basse justice. Parmi elles se trouvaient les fiefs de Bourgogne, Van der Haene, Placque, Morbecque, Briarde, etc. L'appel des *Vierschaeres* allait au civil à la Cour de Cassel, qui avait connaissance des matières criminelles en première instance.

Ainsi, dans les affaires civiles, les habitants des villages de *Vierschaeres* étaient astreints à quatre degrés de juridiction : banc de la *Vierschaere*, Cour de Cassel, Bailliage de Flandre, Parlement. Vers la fin de l'Ancien Régime, l'on songea à simplifier cette organisation compliquée en réunissant, par édit de juin 1774, les *vierschaeres* à la Cour de Cassel. Ce tribunal obtenait la connaissance en première instance des affaires civiles comme il avait déjà celle des affaires criminelles. La suppression de ce siège du premier degré était une réforme heureuse qui donnait aux justiciables des juges plus éclairés et qui avait pour autre conséquence une diminution dans les frais et la longueur des procès. Mais nous voyons par les plaintes des Cahiers que cette réforme fut très mal accueillie.

TABLE DES CAHIERS

Cahiers des Communautés d'habitants :

Armbouts-Cappel.....................	t. II	page	171
Arnèke..............................	I	»	34
Bailleul............................	I	»	377
Bailleul-Ambacht....................	I	»	401
Bailleul (prévôté de St-Donat-lez).....	I	»	395
Bambecque	II	»	158
Bavinchove	I	»	101
Bergues (Ville)......................	II	»	80
Bergues (Corporations)..............	II	»	7
Berthen.............................	I	»	409
Bierne...............................	II	»	178
Bissezeele...........................	II	»	245
Blaringhem-Flandre..................	I	»	260
Blaringhem-Fontaine.................	I	»	300
Boèschèpe	I	»	78
Boeseghem...........................	I	»	282
Bollezeele...........................	I	»	131
Borre................................	I	»	201
Bourbourg...........................	II	»	339
Brouckerque.........................	II	»	223
Broxeele.............................	I	»	113
Buysscheure.........................	I	»	237
Caestre..............................	I	»	424
Cappelle.............................	II	»	174
Cappelle-Brouck.....................	II	»	373
Cassel (*Procès-verbal*)..............	I	»	5

Coudekerque....................	t. II	page	202
Coudekerque-Branche.............	II	»	323
Craywick.......................	II	»	343
Crochte........................	II	»	186
Drincham......................	II	»	360
Dunkerque.....................	II	»	285
Dunkerque (Corporations)........	II 2ᵉ partie p. 37 et 55		
Ebblinghem....................	I	page	90
Eecke..........................	I	»	418
Eecke (Messines en)..............	I	»	219
Eecke (Westover en).............	I	»	216
Eringhem......................	II	»	366
Esquelbecq.....................	II	»	251
Estaires.......................	I	»	334
Estaires (Pont d'Estaires et seigneurie de Doulieu)...................	I	»	344
Flêtre.........................	I	»	213
Ghyvelde......................	II	»	210
Godewaersvelde.................	I	»	83
Grande-Synthe..................	II	»	311
Gravelines.....................	II	»	384
Hardifort......................	I	»	11
Haverskerque et Saint-Floris Flandre.	I	»	275
Hazebrouck....................	I	»	305
Herzeele.......................	II	»	127
Holque........................	II	»	372
Hondeghem....................	I	»	150
Hondschoote (*Extrait du procès-verbal*)	II	»	278
Houtkerque....................	II	»	265
Hoymille......................	II	»	149
Killem........................	II	»	188
La Motte au Bois...............	I	»	325
La Wastine....................	I	»	348
Lederzeele.....................	I	»	105

Ledringhem............................	t. II	page 258
Leffrinkhoucke......................	II	» 219
Leffrinkhoucke-Branche.............	II	» 330
Les Moëres.........................	II	» 279
Looberghe.........................	II	» 237
Loon...............................	II	» 350
Lynde..............................	I	» 252
Mardyck...........................	II	» 307
Merckeghem........................	II	» 378
Merris.............................	I	» 433
Merville (*Extrait du procès-verbal et Mémoire du 29-30 Janvier*).........	I	» 358
Merville (Grand-Robermetz).........	I	» 465
Merville (Petit-Robermetz)..........	I	» 462
Merville (Le Sart)..................	I	» 302
Méteren...........................	I	» 427
Millam.............................	II	» 368
Morbecque.........................	I	» 247
Neuf-Berquin.......................	I	» 301
Neuf-Berquin Vierschaere...........	I	» 352
Nieppe.............................	I	» 455
Nieppe (Seigneurie d'Oudeneem).....	I	» 460
Nieurlet............................	I	» 242
Nordpeene.........................	I	» 55
Ochtezeele.........................	I	» 227
Oost-Cappel........................	II	» 164
Oudezeele..........................	I	» 194
Oxelaere...........................	I	» 50
Petite-Synthe......................	II	» 316
Pitgam............................	II	» 231
Pradelles..........................	I	» 205
Quaedypre.........................	II	» 141
Quaestraete........................	I	» 38
Renescure (*Extrait du procès-verbal*)..	I	» 259

Rexpoëde	t. II	page 166
Rubrouck	I	» 127
Ruminghem	I	» 230
Saint-Georges	II	» 358
Saint-Jans-Cappel	I	» 405
Saint-Pierre-Brouck	II	» 354
Saint-Sylvestre-Cappel	I	» 68
Saint-Sylvestre-Cappel (Angest en), à l'appendice	II 2ᵉ partie p.	7
Sainte-Marie-Cappel	I	page 60
Sercus (Zercle)	I	» 86
Socx	II	» 132
Spycker	II	» 221
Staple	I	» 97
Steenbecque	I	» 268
Steene	II	» 183
Steenwerck (Seigneurie de Pont-d'Estaires)	I	» 438
Steenwerck (Seigneurie de Dampierre)	I	» 445
Steenwerck (Baronnie de Doulieu)	I	» 450
Steenwerck (Seigneurie d'Oudeneem)	I	» 453
Steenvoorde-Vierschaere	I	» 72
Steenvoorde-Marquisat	I	» 161
Strazeele	I	» 209
Terdeghem	I	» 187
Téteghem	II	» 175
Téteghem (Branche de)	II	» 327
Thiennes	I	» 271
Uxem	II	» 154
Vieux-Berquin	I	» 294
Vleninckhove	I	» 415
Volckerinckhove	I	» 123
Wallon-Cappel	I	» 157
Warhem	II	» 196

Warnèton-France	t. I	page	364
Watou-France	I	»	181
Watten	I	»	313
Wemaers-Cappel	I	»	24
Wervicq-Sud	I	»	368
West-Cappel	II	»	169
Widdebroucq	I	»	147
Winnezeele	I	»	189
Wormhoudt (paroisse)	II	»	97
Wormhoudt (comté)	II	»	120
Wulverdinghe	I	»	234
Wylder	II	»	125
Zeggers-Cappel	I	»	140
Zermezeele	I	»	19
Zuydcoote	II	»	334
Zuytpeene	I	»	222
CAHIER GÉNÉRAL DU TIERS-ETAT	II	»	409
CAHIER DE LA NOBLESSE	II	»	435
Cahiers particuliers du Clergé :			
Cahiers des Chapitres	II	»	459
Cahiers des Communautés religieuses	II	»	473
Cahiers des Curés	II	»	483
Cahiers du Clergé paroissial	II	»	511
CAHIER GÉNÉRAL DU CLERGÉ	II	»	521

TABLE DES MATIÈRES[1]

contenues dans les Cahiers[2]

ABBAYES, en commende. — T. I. — Estaires (p. 339) 22 ; Bailleul (p. 385) 26 ; Eecke (p. 420) 4.

T. II. — Dunkerque (p. 298) 46 ; St-Pierre-Brouck (p. 356) 37 ; Cahier général du Tiers-Etat, *administration provinciale* (p. 423) 17 ; Cahier de la Noblesse (p. 449) 47 ; Abbaye de St-Winoc (p. 460) 3 ; Cahier général du Clergé (p. 534).

ABONNEMENT. — T. I. — Wemaers-Cappel (p. 31) 21 ; Oudezeele suppl^t (p. 199) 7, 8 ; Borre (p. 201) 2 ; Pradelles (p. 205) 4 ; Blaringhem Flandre (p. 263) 14, 16 ; Hazebrouck (p. 307) 16 ; Meteren (p. 427) 2. Et aussi : Arnèke (p. 34) 16.

T. II. — Bergues, Marchands de vin (p. 40) 17, non corporés (p. 52) 5, Marchands-épiciers (p. 65), Négociants-armateurs (p. 74) 11 ; Hoymille (p. 151) 12 ; Killem (p. 188) 3 ; Ledringhem (p. 263) 27 ; Petite-Synthe (p. 317) 1 ; Cappelle-Brouck suppl^t (p. 377) 5 ; Gravelines III (p. 403) 14 ; Cahier de la Noblesse (p. 451) 53 ; Cahier général du Clergé (p. 534).

---

[1] Le chiffre qui suit le nom de la localité indique la page ; le second, le numéro de l'article. — Les références qui sont précédées des mots « Et aussi » renvoient aux articles qui, étant identiques, semblables ou analogues à d'autres, n'ont pas été publiés.

[2] Seuls les cahiers de 1789 — au sens strict du mot — ont été dépouillés.

Abus. *Frais de régie et mauvaise régie.* — T. I. — Wemaers-Cappel (p. 27) 8 ; Ste-Marie-Cappel (p. 61) 4^a ; St-Sylvestre-Cappel (p. 69) 16 ; Steenvoorde-Vierschaere (p. 73) 5 ; Boeschèpe (p. 79) 10 ; Broxeele (p. 115) 8 ; Rubrouck (p. 128) 2 ; Wallon-Cappel (p. 158) 15 ; Oudezeele (p. 194) 1 ; Borre (p. 201) 1 ; Pradelles (p. 205) 3 ; Westover en Eecke (p. 217) 7 ; Zuytpeene (p. 225) 14 ; Buysscheure (p. 237) 1 ; Blaringhem-Flandre (p. 264) 15 ; Boeseghem (p. 290) 52 ; Watten (p. 313) 2, 3, 4, 5, 6 et suivants ; La Wastine (p. 349) 1 ; Steenwerck (Dampierre) (p. 448) 18 ; Nieppe (p. 455) 1 ; Grand Robermetz (p. 467) 19. Et aussi : Widdebroucq (p. 147) 5 ; Strazeele (p. 210) 3 ; Ochtezeele (p. 228) 4, 6 ; Vieux-Berquin (p. 294) 2.

T. II. — Bergues, Sculpteurs-charpentiers-menuisiers (p. 16) 1, 4 ; Bergues (p. 82, 83, 84) ; Wormhoudt paroisse (p. 105) 20, 21, 22, 23, 24 ; Socx (p. 133) 3 ; West-Cappel (p. 169) 11 ; Warhem (p. 197) 6 ; Coudekerque (p. 202) 2, 3 ; Ghyvelde (p. 211) 2 ; Spycker (p. 211) 2 ; Brouckerque (p. 265) 9 ; Bissezeele (p. 247) 6 ; Esquelbecq (p. 251) 2, 9 ; Houtkerque (p. 268) 7, 10, 12 ; Craywick (p. 346) 19 ; Cappelle-Brouck (p. 375) 11, 12, 13 ; Curé d'Arnèke (p. 183) 1, 2, 3, 4, 5, 6. Et aussi : Hoymille (p. 149) 2 ; Uxem (p. 154) 2 ; Loon (p. 352) 26, 27 ; Cappelle-Brouck (p. 374) 7.

Remède aux abus, t. II. — Bambecque (p. 162) 8 ; Oost-Cappel (p. 164) 7.

Accoucheurs. — Voir Docteurs.

Adjudications publiques. — T. II. — Bergues, Sculpteurs-charpentiers-menuisiers (p. 16), non corporés

(p. 54) 24 ; Pitgam (p. 234) 12 ; Cappelle-Brouck (p. 375) 10.

Administrations des villes et communautés subordonnées aux administrations provinciales et celles-ci aux Etats-Généraux. — T. I. — Widdebroucq (p. 147) 4 ; Boeseghem (p. 282) 4 ; Vieux-Berquin (p. 294) 4.

Et aussi : T. II. Bourbourg (p. 339) 4 ; St-Pierre-Brouck (p. 354) 4.

Administrations particulières des officiers des Seigneurs (suppression des). — T. II. — Bourbourg (p. 341) 10 ; Et aussi : St-Pierre-Broucq (p. 354) 10 ; St-Georges (p. 358) 10.

Administrations de la Flandre maritime (Frais des). — Voir Abus.

Afforage (Droits d'). — T. I. — Grand-Robermetz (p. 465) 2.

Ainesse (Droits d'). — T. I. — Ebblinghem (p. 90) 2.

Amman. — T. II. — Bergues (p. 85, 86). Voir aussi Hoofman.

Amortissement (Droits d'). — T. I. — Wemaers-Cappel (p. 27) 5 ; Oudezeele (p. 199) 4 ; Lynde (p. 255) 11. Et aussi : Arnèke (p. 34) 5.

T. II. — Dunkerque (p. 301) 50 ; Cahier général du Tiers-Etat, *législation* (p. 428) 46 ; Cahier de la Noblesse (p. 450) 50 ; Chapitre de St-Amé (p. 470-471) 6, 7, 8, 9 ; Carmes de Steenvoorde (p. 481) ; Cahier général du clergé (p. 531-532). — Voir Caisse d'amortissement.

Anoblissements. — T. I. — Bailleul (p. 385) 24.

T. II. — Bergues, non-corporés suppl^t (p. 59) 15 ; Cahier général du Tiers-Etat, *administration générale* (p. 420) 31 ; Cahier de la Noblesse (p. 442) 11.

Arbres. — Voir Bois. - Aulnes.

Archers a pied, *Maréchaussée, sergents*. — T. I. — Hardifort (p. 15) 8 ; Zermezeele (p. 21) 8 ; Wemaers-Cappel (p. 29) 11 ; Arnèke (p. 35) 12 ; (p. 36) 22 ; Quaestraete (p. 46) 37 ; Boeschèpe (p. 79) 5 ; Sercus (p. 87) 6 ; Lederzeele (p. 108) 7 ; Broxeele (p. 119) 24, 29 ; Wallon-Cappel (p. 158) 15 ; Steenvoorde-Marquisat (p. 163) 8 ; Winnezeele (p. 191) 8, 9 ; Strazeele (p. 211) 19 ; Blaringhem-Flandre (p. 263) 13 ; Thiennes (p. 273) 7 ; Boeseghem (p. 290) 52 ; Watten suppl^t (p. 321) 4 ; Nieppe (p. 456) 5. Et aussi : Haverskerque et St-Floris (p. 277) 11.

T. II. — Bambecque (p. 158) 3 ; Armbouts-Cappel (p. 171) 5 et Cappelle (p. 174) identique ; Killem (p. 191) 10 ; Ledringhem (p. 262) 19 ; Mardyck (p. 308) 2 ; Coudekerque-Branche (p. 325) 17. Et aussi : West-Cappel (p. 169) 8 ; Téteghem (p. 175) 5 ; Steene (p. 183) 5 ; Crochte (p. 186) 5.

Argent placé à intérêts. — T. II. — St-Pierre-Brouck (p. 356) 29 ; Cahier général du Tiers-Etat, *législation* (p. 426) 28.

Armes a feu. — Voir Fusils.

Armée employée aux travaux publics. — T. I. — Boeseghem (p. 289) 39.

T. II. — St-Pierre-Brouck (p. 357) 42.

Arrêt personnel. — T. II. — Dunkerque (p. 300) 49 ; Cahier général du Tiers-Etat, *législation* (p. 426) 20.

Arrêts de défenses. — T. II. — Dunkerque (p. 294) 28 ; Cahier général du Tiers-Etat, *législation* (p. 424) 8.

Assemblée communale. — T. II. — Bourbourg (p. 340) 8 ; Et aussi : St-Pierre-Brouck (p. 354) 8 ; St-Georges (p. 358) 8. Voir aussi Magistrat communal.

Assemblée Nationale. — Voir Etats-Généraux.

Asséeurs. — Voir Hoofman.

Augmentation des impots. — Voir à Impots (Augmentation des).

Aulnes (Destruction des). — Voir Rues et Ruisseaux.

Avocats. — T. I. — Estaires (p. 337) 13 ; Bailleul (p. 383) 13.

T. II. — Bergues (p. 90) ; Cahier général du Tiers-Etat, *législation* (p. 425) 17.

Bailleul. — Voir Dunkerque, etc., réunis au Bailliage de Bailleul. — Présidial. — Règlement de 1673.

Bailliage de Bailleul. — Voir Dunkerque, etc., réunis au Bailliage de Bailleul.

Baillis, *Officiers de Police et Greffiers*. — T. I. — Steenbecque (p. 268) 4 ; Thiennes (p. 272) 5 ; Hazebrouck (p. 308) 25 ; Estaires (p. 336) 8, 12, 35 ; Petit-Robermetz (p. 463) 6. Et aussi : Arnèke (p. 35) 4 ; Bollezeele (p. 137) 9 ; Pont d'Estaires (p. 345) 14, 15, 16.

T. II. — Socx (p. 134) 7 ; Ghyvelde (p. 214) 8 ; Pitgam (p. 234) 13 ; Esquelbecq (p. 254) 10 ; Houtkerque (p. 274) 14° ; Drincham (p. 361) 2ª ; Cappelle-Brouck (p. 374) 8, suppl^t (p. 377) 6 ; Cahier général du Tiers-Etat, *législation* (p. 424) 5 ; Curé d'Ebblinghem (p. 494)

3 ; Curés de Vieux-Berquin et de Lederzeele (p. 508) ; Cahier général du Clergé (p. 527-536). Et aussi : Oost-Cappel (p. 164) 2 ; Rexpoëde (p. 166) 2 ; West-Cappel (p. 169) 2 ; Leffrinckouke (p. 219) 1, 2 ; Eringhem (p. 366) 2.

BANALITÉ (Suppression des droits de). — T. I. — Le Sart (p. 303) 9 ; Estaires (p. 336) 9 ; Steenwerck (p. 447) 8. Et aussi : La Motte au Bois (p. 326) 11 ; Pont d'Estaires (p. 344) 4 ; Neuf-Berquin Vierschaere (p. 352) 3 ; Oudencem (p. 454) 8.

T. II. — Dunkerque (p. 304) 62 ; Cahier général du Tiers-Etat (p. 426) 22.

BANNISSEMENT (peine de). — T. II. — Cahier général du Tiers-Etat, *législation* (p. 425) 12.

BANQUE Nationale. — T. II. — Cahier de la Noblesse (p. 443) 14.

BANQUEROUTIERS. — T. I. — Quaestraete (p. 46) 35 ; Hazebrouck (p. 310) 44 ; Bailleul (p. 387) 46.

T. II. — Bergues, non corporés, supplément (p. 86) 6 ; Loon (p. 352) 25 ; Cahier général du Tiers-Etat, *commerce* (p. 431) 22 ; Cahier de la Noblesse (p. 449) 42, 43.

BANQUIERS expéditionnaires en Cour de Rome. — T. II. — Dunkerque (p. 298) 45 ; Cahier général du Tiers-Etat, *administration générale* (p. 419) 23.

BATARDS. — Voir SUCCESSION des Bâtards.

BATELIERS et BÉLANDRIERS. — T. I. — Watten (p. 317) 22 ; supplément III (p. 324) 5 ; Wervicq (p. 369) 4 ; Steenwerck (Dampierre) (p. 448) 16.

T. II. — Bergues, Bateliers (p. 46), Bergues (p. 92) ; Dunkerque (p. 303) 60 ; Merkeghem suppl^t (p. 380) 4.

Baux des Maisons et des Terres. — T. II. — Bergues, non corporés (p. 53) 19 ; Grande-Synthe (p. 314) 12 ; Loon (p. 350) 11 ; Cahier général du Tiers-Etat, *législation* (p. 427) 37. Et aussi : St-Pierre-Brouck (p. 355) 26.

Bélandriers. — Voir Bateliers.

Bénéfices (Cumul des). — T. II. — Cahier général du Tiers-Etat, *Administration générale* (p. 419) 25 ; Chapitre de St-Amé (p. 470) 1 ; Chapelains de la Collégiale de Saint-Pierre (p. 512) 8, 9 ; Observations des vicaires (p. 518) 2 ; Cahier général du Clergé (p. 531). — Voir aussi : Résidence des évêques et bénéficiers. — Charges et bénéfices réservés aux indigènes.

Bergues. *Libre navigation de Bergues à la mer.* — T. II. — Bergues, Savetiers (p. 10) 7 ; Tanneurs (p. 12) 5 ; Tonneliers (p. 13) 5 ; Pharmaciens (p. 15) 4 ; Sculpteurs-charpentiers-menuisiers (p. 16) 3 ; Drapiers (p. 19) 6, 7 ; Pottiers-mégissiers-cordiers (p. 21) 2 ; Boulangers (p. 23) 2 ; Charcutiers (p. 28) ; Maréchaux (p. 33) ; Marchands de vin (p. 40) 15 ; Tailleurs (p. 43) ; Maçons et Tailleurs de pierres (p. 45) 3, 5 ; Marchands graissiers (p. 50) ; non-corporés (p. 51) 3 ; Marchands-épiciers (p. 67) ; Brasseurs (p. 79) ; Cabaretiers (p. 71) 7 ; Négociants-armateurs (p. 74) 11, 19 ; Bergues (p. 91) ; Quaedypre (p. 145) 17 ; Bierne (p. 179) 8er ; Steene (p. 185) 10 ; Coudekerque (p. 207) 12 ; Ghyvelde (p. 216) 12 ; Brouckerque (p. 224) 5 ; Pitgam (p. 232) 6 ; Esquelbecq (p. 254) 10.

Bestiaux. — Voir Epizootie.

Bibliothèques publiques. — Voir Instruction.

Biens réputés de nature roturière. — T. I. — Boeseghem (p. 286) 24. Et aussi : Vieux-Berquin (p. 294) 15.

Biens de Mainmorte. — T. I. — Sercus (p. 89) 20 ; Bollezeele (p. 133) 14 ; Oudezeele suppl^t (p. 200) 10 ; Lynde (p. 253) 3 ; Boeseghem (p. 289) 35.

T. II. — Cahier général du Tiers-Etat, *Administration générale* (p. 417) 12, 33, *Législation* (p. 428) 46 ; Cahier de la Noblesse (p. 450) 50 ; Cahier général du Clergé (p. 531).

Bière (Droits sur la). — T. I. — Hardifort (p. 11) 1 ; Broxeele (p. 114) 3 ; Steenvoorde Marquisat supplément 4 (p. 178) 6, 7, 8, 9, 10, 11 ; Watten (p. 315) 13 ; Caestre (p. 424) 1 ; Steenwerck (Dampierre) (p. 447) 12 ; Petit Robermetz (p. 462) 3. — Et aussi : Volckerinckhove (p. 123) 3.

T. II. — Bergues, Savetiers (p. 9) 4 ; Tonneliers (p. 13) 2 ; Maçons et tailleurs de pierres (p. 45) 2 ; Marchands épiciers (p. 65) ; Brasseurs (p. 68) 1, 2 ; Cabaretiers (p. 71) 5, 10 ; Killem (p. 194) 20 ; Houtkerque (p. 269) 7e, 14^d ; Sœurs pénitentes d'Hondschoote (p. 476) ; Curé de Bollezeele (p. 492).

Billets de Commerce. — Voir Lettres de change.

Blés (Quête des). — T. I. — Zeggers-Cappel (p. 145) 26.

Bois et Forêts. — T. I. — Caestre (p. 425) 7.

T. II. — Dunkerque (p. 304) 64 ; Cahier général du Tiers-Etat, *Administration générale* (p. 418) 21, *Commerce* (p. 429) 3.

Bois, imposés au cinquième. — T. I. — Hardifort (p. 13) 3 ; Zermezeele (p. 20) 5 ; Quaestraete (p. 47) 40, 48 ; Oxelaere (p. 51) 2 ; Oudezeele (p. 197) 13^b ; Vleninckhove (p. 415) 2. — Et aussi : **Wemaers-Cappel** (p. 29) 12 ; Arnèke (p. 35) 12 ; Steenvoorde-Vierschaere (p. 74)

19 ; Boeschèpe (p. 79) 7 ; Volckerinckhove (p. 125) 11^b ; Bollezeele (p. 131) 2, (p. 138) 15 ; Zeggers-Cappel (p. 142) 12 ; Watou France (p. 183) 17 ; Terdeghem (p. 187) 16 ; Strazeele (p. 211) 16 ; Watten (p. 319) 7 ; Eecke (p. 420) 3 ; Caestre (p. 425) 6. — Voir aussi : Impots (demandes d'égalité d') pour toutes terres, bois, etc.

T. II. — Curé de Bollezeele (p. 492).

Boissons, Vins, etc. (Droits sur les). — T. I. — Hardifort (p. 16) 11 ; Wemaers-Cappel (p. 24) 1 ; Bavinchove (p. 103) 9 ; Bollezeele suppl^t (p. 136) 1 ; Zeggers-Cappel (p. 145) 28 ; Caestre (p. 424) 1 ; Steenwerck (Dampierre) (p. 448) 13 ; Petit Robermetz (p. 462) 3.

T. II. — Bergues, Cordonniers (p. 9) 4 ; Tonneliers (p. 13) 2 ; Pottiers-mégissiers-cordiers (p. 21) 3, 5 ; Cabaretiers (p. 71) 6 ; Wormhoudt paroisse (p. 98) 2 ; Killem (p. 194) 20 ; Bourbourg (p. 341) 17 ; Drincham suppl^t (p. 364) 4 ; Merckeghem (p. 378) ; Gravelines 1 (p. 385) 6 ; Cahier général du Tiers-Etat (p. 414) ; Sœurs pénitentes d'Hondschoote (p. 476).

Boulangers, Pains. — T. I. — Watten (p. 316) 14, remontrances (p. 319) 5 ; Estaires (p. 341), 33 ; Steenwerck (Pont d'Estaires) (p. 441) 3.

T. II. — Bergues, Boulangers (p. 22) ; Dunkerque (p. 304) 62.

Bourbourg. — Voir Dunkerque, Bourbourg, etc.

Bourgeoisie. — Voir Issue (Droits d').

Bureau des Finances. — T. I. — Nordpeene (p. 56) 9 ; Lederzeele (p. 109) 10 ; Hondeghem (p. 153) 21 ; Boeseghem (p. 285) 18 ; Estaires (p. 339) 24 ; Bailleul p. (383) 11.

T. II. — Cahier général du Tiers-Etat, *Législation* (p. 423) 1.

CABARETS et CABARETIERS. — T. I. — Hardifort (p. 16) 11, 14.

T. II. — Bergues, Brasseurs (p. 69) 4, 5 ; Cabaretiers (p. 70) ; Bergues (p. 92) ; Herzeele (p. 128) 11 ; Curé de Zuytpeene (p. 505) 6.

CADASTRE (ancien et nouveau). — T. I. — St-Sylvestre-Cappel (p. 69) 14 ; Wallon-Cappel (p. 157) 8, 18 ; Steenvoorde Marquisat suppl^t 4 (p. 179) 13 ; Oudezeele suppl^t (p. 200) 8 ; Pradelles (p. 205) 2 ; Flêtre (p. 213) ; Hazebrouck (p. 306) 11 ; Watten suppl^t 1 (p. 320) 1, 3 ; Steenwerck (Pont d'Estaires) (p. 440) 2 ; et aussi : Arnèke (p. 34) 17 ; St-Sylvestre-Cappel (p. 68) 7 ; La Motte-au-Bois (p. 326) 15 ;

T. II. — Pitgam (p. 232) 5 ; Esquelbecq (p. 253) 8, 12 ; Ledringhem (p. 259) 7 ; t. II 2e partie, Angest en St-Sylvestre-Cappel (p. 9) 7.

CADAVRES (visite des). — T. I. — Bollezeele suppl^t (p. 137) 7.

CAFÉ (droits sur le). — T. I. — Eecke, subvention (p. 421) 2.

T. II. — Bergues, Marchands épiciers (p. 60, 62).

CAISSE D'AMORTISSEMENT. — T. I. — Boeseghem (p. 283) 10. — Et aussi : Widdebroucq (p. 147) 10 ; Vieux-Berquin (p. 294) 9.

T. II. — Cahier général du Tiers-Etat (p. 418) 19, 20.

CAISSE DES INVALIDES DE LA MARINE. — T. II. — Dunkerque (p. 295) 33 ; Cahier général du Tiers-Etat, Commerce (p. 430) 15.

Canaux. — Voir Rivières.

Capitaines des navires marchands. — T. II. — Dunkerque (p. 296) 37, 61 ; Cahier général du Tiers-Etat, *Commerce* (p. 429) 2.

Capitation. — T. II. — Petite-Synthe (p. 317) 1 ; Gravelines (p. 403) 13 ; Cahier général du Tiers-Etat (p. 414). Et aussi : Arnèke (p. 34) 17.

Capitulations (Maintien des lois de la province, confirmées par les). — T. II. — Bergues, non corporés (p. 56) 46 ; Bergues (p. 88) 3 ; Ledringhem (p. 258) 1 ; Coudekerque-Branche (p. 324) 6 ; Cahier général du Tiers-Etat (p. 410 et 411) ; Abbaye de St Winoc (p. 460) 3 ; Cahier général du Clergé (p. 534).

Cartes a jouer. — T. I. — Watten, *remontrances* (p. 320) 10 ; Eecke, *subvention* (p. 421) 4^b.

Cassel. — Voir Cour de Cassel.

Cerfs. — Voir Gibier.

Change. — Voir Lettres de Change.

Charbon. — T. II. 2e partie. — Cahier des porte-sacs de Dunkerque (p. 37).

Charges et bénéfices réservés aux indigènes. — T. I. — Staple (p. 98) 3 ; Vieux-Berquin (p. 295) 19.

T. II. — Petite-Synthe (p. 319) 10 ; Cahier général du Tiers-Etat, *législation* (p. 427) 33 ; Cahier de la Noblesse (p. 441) 6 ; Chapitre de St-Pierre (p. 465) 5 ; Chapelains de la Collégiale de St-Pierre (p. 512) 7 ; Cahier général du Clergé (p. 531) ; voir aussi : Offices de magistrature réservés aux indigènes.

CHARGES ET DIGNITÉS ACCESSIBLES A TOUS (Clergé, Noblesse, Tiers-Etat). — T. I. — Estaires (p. 338) 17 ; Bailleul (p. 383) 6 ; Berthen (p. 410) 2.

T. II. — Bergues, non corporés suppl^t (p. 58) 11 ; Houtkerque (p. 271) 9 ; Gravelines, I (p. 391) 18 ; Cahier général du Tiers-Etat (p. 419) 26 ;

CHARLATANS. — T. I. — Bailleul (p. 390) 63.
T. II. — Bergues, Pharmaciens, (p. 14) 1.

CHASSE. — T. I. — Hardifort (p. 14) 7 ; Zermezeele (p. 20) 4 ; Wemaers-Cappel (p. 28) 9 ; Arnecke (p. 35) 6 ; Quaestraete (p. 43) 21 ; Boeschèpe (p. 80) 18 ; Sercus (p. 88) 14 ; Staple (p. 99) 13 ; Bavinchove (p. 102) 7 ; Broxeele (p. 120) 34 ; Bollezeele (p. 133) 10 ; (p. 137) suppl^t 10 ; Wallon Cappel (p. 159) 21 ; Steenvoorde-Marquisat (p. 165) 16 ; Watou suppl^t I (p. 185) 8 ; Oudezeele (p. 197) 14 ; Pradelles (p. 206) 9 ; Zuytpeene (p. 224) 10 ; Thiennes (p. 273) 9 ; Le Sart (p. 303) 10 ; Hazebrouck (p. 308) 27 ; La Motte au bois suppl^t (p. 331) 5 ; Estaires (p. 339) 19 ; Pont d'Estaires et Doulieu (p. 344) 3 ; Steenwerck et Doulieu (p. 451) 17 ; Petit-Robermetz (p. 463) 9 ; Grand Robermetz (p. 465) 4, 5, 18.
— Et aussi : Arnèke (p. 35) 4, 10 ; St-Sylvestre Cappel (p. 69) 18 ; Steenvoorde Vierschaere (p. 74) 14, 15 ; Ebblinghem (p. 96) 20 ; Thiennes (p. 328) 25 ; Neuf-Berquin Vierschaere (p. 353) 7.

T. II. — Bergues, Marchands de vin (p. 38) 11 ; non corporés (p. 52) 12 ; Négociants-armateurs (p. 77) 24 ; Wormhoudt paroisse (p. 110) 32 ; Wormhout Comté (p. 122) 8 ; Socx (p. 136) 11 ; Hoymille (p. 151) 8 ; Uxem (p. 154) 10 ; Bambecque (p. 159) 4 ; Armbouts-Cappel (p. 172) 6, et Cappelle (p. 174) *identique* ; Téteghem

(p. 175) 6 ; Bierne (p. 179) 8 [1²ᵇ] ; Killem (p. 190) 9, 10 ; Coudekerque (p. 205) 7 ; Ghyvelde (p. 215) 9, 18 ; Brouckerque (p. 224) 7 ; Pitgam (p. 232) 4, 5, 6 ; Looberghe (p. 239) 8 ; Bissezeele (p. 248) 10 ; Ledringhem (p. 260) 10 ; Houtkerque (p. 273) 14ʲ ; Branche de Tétéghem, Ghyvelde et Uxem (p. 328) 8 ; Leffrinkhoucke-Branche (p. 331) 4, 5, 14 ; Craywick (p. 346) 17 ; Drincham (p. 361) 2 ; Cahier général du Tiers-Etat, *Législation* (p. 425) 15, 39, 40, 41, 42, 43.

T. II. — Oost-Cappel (p. 164) 3 ; Rexpoëde (p. 166) 3, 4 ; West-Cappel (p. 169) 4 ; Armbouts-Cappel (p. 171) 6 ; Steene (p. 183) 6 ; Crochte (p. 186) 6 ; Warhem (p. 196) 3 ; Coudekerque (p. 205) 7 ; Leffrinckhoucke (p. 219) 2, (p. 220) 5 ; Bissezeele (p. 248) 10 ; Coudekerque-Branche (p. 325) 15 ; Loon (p. 352) 24 ; Eringhem (p. 366) 2.

CHATELLENIES. — Voir UNION DES VILLES ET DES CHATELLENIES.

CHAUX. — Voir ENGRAIS.

CHEMINS (Ecouage des). — T. I. — Hardifort (p. 16) 13 ; Zermezeele (p. 22) 11 ; Wemaers-Cappel (p. 27) 8 ; Quaestraete (p. 45) 31, 44 ; Godewaersvelde (p. 83) 19 ; Sercus (p. 88) 18 ; Staple (p. 99) 10 ; Bollezeele suppl* (p. 137) 6 ; Zeggers-Cappel (p. 144) 18 ; Winnezeele (p. 191) 10 ; Oudezeele (p. 199) 6 ; Strazeele (p. 210) 12 ; Zuytpeene (p. 223) 7 ; Blaringhem-Flandre (p. 263) 11 ; Pont d'Estaires et Doulieu (p. 344) 6 ; Berthen (p. 410) 3 ; Vleninckhove (p. 415) 3 ; Eecke, *subvention* (p. 422) 9 ; Steenwerck (Pont d'Estaires) (p. 443) 6 ; Petit Robermetz (p. 464) 17.

T. II. — Wormhoudt paroisse (p. 114) 39 ; Herzeele

(p. 128) 9 ; Socx (p. 138) 13 ; Quaedypre (p. 142) 4 ; Hoymille (p. 150) 7 ; Bambecque (p. 158) 3 ; Armbouts-Cappel (p. 171) 4, et Cappelle (p. 174) *identique* ; Bierne (p. 178) 4 ; Killem (p. 190) 8 ; Ghyvelde (p. 214) 8, 17 ; Looberghe (p. 242) 23 ; Bissezeele (p. 248) 13 ; Esquelbecq (p. 256) 18 ; Ledringhem (p. 260) 9 ; Houtkerque (p. 268) 6, 14ª ; Grande-Synthe (p. 312) 3 ; Petite-Synthe (p. 320) 12 ; Cahier général du Tiers-Etat, *Administration provinciale* (p. 421) 3, *Législation* (p. 425) 15 ; Curé de Bollezeele (p. 490) 15.

Et aussi : Arnèke (p. 35) 9 ; Haverskerque et St-Floris (p. 277) 10.

T. II. — Uxem (p. 154) 9 ; Oost-Cappel (p. 164) 2 ; Rexpoëde (p. 166) 2 ; West-Cappel (p. 169) 2 ; Armbouts-Cappel (p. 171) 4 ; Téteghem (p. 175) 4 ; Steene (p. 183) 4 ; Crochte (p. 186) 4 ; Warhem (p. 196) 2 ; Coudekerque (p. 205) 6 ; Leffrinkhoucke (p. 219) 1, (p. 220) 5¹ ; Brouckerque (p. 226) 10.

CHEVAUX D'ARTILLERIE. — T. I. — Berthen (p. 412) 12 ; Vleninckhove (p. 416) 14.

CHIENS (ordre de tuer les). — T. I. — Wemaers-Cappel (p. 28) 9 ; Zuytpeene (p. 224) 9.

Et aussi : Arnèke (p. 35) 10 ; Zeggers-Cappel (p. 142) 10.

T. II. — Leffrinkhoucke-Branche (p. 331) 5, 15.

Et aussi : Oost-Cappel (p. 164) 3 ; Rexpoëde (p. 166) 3, 4 ; West-Cappel (p. 169) 4 ; Armbouts-Cappel (p. 172) 6 ; Steene (p. 183) 6 ; Crochte (p. 186) 6 ; Leffrinkhoucke (p. 219) 2.

CHIRURGIENS. — Voir DOCTEURS.

CIMETIÈRE. — T. I. — Bailleul (p. 391) 67.

T. II. — Sᵗ-Pierre-Brouck (p. 356) 34 ; Curé de Bollezeele (p. 489) 9.

Clergé (Honoraires du Clergé et frais funéraires, aumônes, etc.). — T. I. — Zermezeele (p. 23) 14 ; Wemaers-Cappel (p. 27) 7 ; Godewaersvelde (p. 84) 22 ; Sercus (p. 88) 16 ; Lederzeele (p. 111) 19 ; Broxeele (p. 117) 19 ; Volckerinckhove (p. 124) 10ᵉ ; Bollezeele (p. 132) 6, supplᵗ (p. 136) 3 ; Steenvoorde Marquisat (p. 168) 31 ; Pradelles (p. 207) 15 ; Lynde (p. 257) 17 ; Thiennes (p. 272) 4 ; Boeseghem (p. 288) 32 ; Steenwerck Dampierre (p. 447) 7 ; Nieppe (Oudenem) (p. 460) 6 ;

Et aussi : Arnèke (p. 35) 8 ; Steenvoorde-Vierschaere (p. 74) 24 ; Strazeele (p. 210) 13 ; Doulieu (p. 450) 7 ; Oudenem (p. 454) 7.

T. II. — Wormhoudt paroisse (p. 118) 48 ; Wylder (p. 125) 5 ; West-Cappel (p. 169) ; Téteghem (p. 177) 8ᵃ ; Houtkerque (p. 272) 14ᵗ ; Drincham, supplᵗ (p. 364) 5 ; Eringhem (p. 366) 6 ; Gravelines, II (p. 397) 7 ; Cahier général du Tiers-Etat, *Administration générale* (p. 419) 24.

Et aussi : Sᵗ-Pierre-Brouck (p. 356) 36.

Clergé (Richesses du Haut-Clergé). — T. II. — Houtkerque (p. 266) 2, 8 ; Curé de Bollezeele (p. 492).

Cloche de retraite. — T. I. — Broxeele (p. 119) 26.

Collecteurs d'impots — T. II. — Pitgam (p. 238) 8 ; Le Chapelain de la Collegiale de Sᵗ.-Pierre, à Cassel (p. 513 12).

Colporteurs. — Voir Marchands étrangers.

Colza. — T. I. — Werwicq (p. 370) 7, 8 ; Bailleul (p. 383 56.)

T. II. — Cahier général du Tiers-Etat, *Commerce* p. (430) 8.

COMMENDES, CHAPITRES, BÉNÉFICES, etc. (Suppression des)—T. I.— Estaires (p. 339) 22 ; Bailleul (p. 385) 26 ; Eecke, moyens (p. 420) 4.

Voir aussi ABBAYE.

COMMENSAUX DE LA MAISON DU ROI.— T. II. — Chapitre de S^t.-Amé, de Douai (p. 470) 4 ; Cahier général du Clergé (p. 531).

COMMERCE (Liberté du). — T. II.— Bergues, non corporés (p. 54) 26.

COMMERCE DES COLONIES. — T. II. — Dunkerque (p. 293) 24, 31 ; Gravelines (p. 395) 4 ; (p. 404) 17 ; Cahier général du Tiers-Etat, *Commerce* (p. 430) 11, 14.

COMMITTIMUS ET ÉVOCATIONS.— T. II.— Dunkerque (p. 288) 11 ; Cahier général du Tiers-Etat, *Législation* (p. 423) 1 ; Cahier de la Noblesse (p. 444) 19 ; Cahier général du Clergé (p. 537).

COMMUNAUTÉS RELIGIEUSES. — Voir GENS DE MAINMORTE.

COMMUNAUX. — T. II. — Petite-Synthe (p. 321) 15 ; Gravelines, hameau des Huttes (p. 406) 3.

COMPTES (Inspection et vérification et publicité des).— T. I.— Arnèke (p. 34) 2 ; (p. 35) 3 ; Quaestraete (p. 38) 3, 4 ; Oxelaere (p. 53) 12 ; Staple (p. 98) 7 ; Bavinchove (p. 103) 4, 5 ; Volckerinckhove (p. 125) 12 ; Rubrouck (p. 127) 1 ; Zeggers-Cappel (p. 141) 5 ; Steenvoorde-Marquisat (p. 162) 5, 30 ; Winnezeele (p. 190) 6 ; Oudezeele (p. 194) 1, 2, 10 ; Buysscheure (p. 239) 8 ; Lynde (p. 255) 9 ; Haverskerque et St.-Floris (p. 277) 3 ; Boeseghem (p. 283) 7, 12, 54 ; Hazebrouck (p. 308)

24 ; La Motte-au-Bois suppl[t] (p. 331). 3 ; Estaires (p. 338) 18 ; Warneton [r] (p. 365) 5 ; [II] (p. 366) 2 ; Bailleul (p. 383) 7, 33, 58 ; S[t].-Donat-lez-Bailleul (p. 396) 6, (4) ; Steenwerck (Pont d'Estaires) (p. 439) 1 ; Grand Robermetz (p. 466) 10, 11.

T. II. — Bergues, Drapiers (p. 18) 4 ; Pottiers, Mégissiers et Cordiers (p. 21) 2, 3 ; Marchands de vin (p. 39) 14, 16, 17 ; Maçons et Tailleurs de pierre (p. 46) 6; Non corporés (p. 52) 9 ; Marchands épiciers (p. 66) ; Maîtres bouchers (p. 68) 2 ; Cabaretiers (p. 71) 8 ; Négociants-Armateurs (p. 73) 9, 13 ; Bergues (p. 93) ; Wormhoudt, paroisse (p. 102) 9, 27, 36 ; Herzeele (p. 127) 2 ; Socx (p. 133) 3 ; Quaëdypre (p. 141) 1 ; Hoymille (p. 150) 5 ; Killem (p. 191) 11, 12, 13 ; Brouckerque (p. 223) 2 ; Pitgam (p. 231) 1 ; Looberghe (p. 241) 21 ; Bissezeele (p. 247) 6 ; Esquelbecq (p. 252) 3 ; Ledringhem (p. 261) 16 ; Houtkerque (p. 269) 7 [b r] ; Dunkerque (p. 288) 3 ; Mardyck (p. 308) 3 ; Grande-Synthe (p. 312) 4, 5, 7 ; Petite-Synthe (p. 319) 9 ; Condekerque Branche (p. 325) 11 ; Branche de Téteghem, Ghyvelde et Uxem (p. 328) 5 ; Bourbourg (p. 340) 8 ; Craywick (p. 346) 19 ; S[t].-Pierre-Brouck (p. 354) 5 ; Cappelle-Brouck (p. 376) 14 ; Cahier général du Tiers-Etat, *Administration générale* (p. 418) 20 ; *Administration provinciale* (p. 422) 10 ; Cahier de la Noblesse (p. 445) 22, 27 ; Cahier général du Clergé (p. 535).

Conciles. — Voir Synodes.

Conseillers-pensionnaires. — T. I. — Bailleul (p. 386) 34.

T. II. — Socx (p. 134) 5, 10 ; Bissezeele (p. 245) 2 ; Ledringhem (p. 259) 4, 18 ; Cahier général du Tiers-Etat, *Administration provinciale* (p. 422) 8.

Voir aussi : Officiers Municipaux.

Constitution du royaume. — T. I. — Boeseghem (p. 282) 2, 43, 44.

Et aussi : Widdebroucq (p. 147) 2.

T. II. — Bergues, Marchands de vin (p. 37) 1 ; Négociants-Armateurs (p. 72) 1 ; Bergues (p. 90) ; Dunkerque (p. 287) 1, 2 ; Branche de Téteghem, Ghyvelde et Uxem (p. 327) 1 ; Craywick (p. 343) 3 ; Cahier général du Tiers-Etat, *Administration générale* (p. 415) 2 ; Cahier de la Noblesse (p. 443) 13 ; Cahier général du Clergé (p. 537).

Et aussi : Coudekerque-Branche (p. 323) 1 ; Bourbourg (p. 339) 2 ; Loon (p. 350) 3 ; St-Pierre-Brouck (p. 354) 2 ; St-Georges (p. 358) 2.

Constitution (ancienne). — Voir : Placard de 1672, — Règlement du 4 Mars 1610. — Règlement de 1673, — Capitulations.

Consulat de Cadix (droits du). — T. II. — Dunkerque (p. 290) 19 ; Cahier général du Tiers-Etat, *Commerce* (p. 429) 4.

Contributions des provinces fixées d'après leurs richesses. — T. I. — Boeseghem (p. 288) 29.

T. II. — Craywick (p. 345) 11 ; Loon (p. 351) 14 ; St-Pierre-Brouck (p. 356) 30.

Controle. — T. I. — Wemaers-Cappel (p. 26) 4 ; Broxeele (p. 115) 9.

Et aussi : Arnèke (p. 34) 4, 19.

T. II. — Killem (p. 188) 3.

Copie de lettres. — Voir : Journaux de Commerce.

Corbeaux. — Voir Nids de corbeaux.

CORPORATIONS ET MÉTIERS. — T. II. — Bergues, Cordonniers (p. 8) 1 ; Tonneliers (p. 13) 1 ; Pharmaciens (p. 14) 2 ; Sculpteurs, charpentiers-menuisiers (p. 16) 1, 2, 5 ; Drapiers (p. 18) 1 ; Potiers, mégissiers et cordiers (p. 21) 1 ; Tailleurs (p. 43) ; Bateliers (p. 47) 1, 2 ; non corporés (p. 53) 16, 43 ; Marchands épiciers (p. 59) ; Négociants-armateurs (p. 76) 22, 23 ; Bergues (p. 91) Uxem (p. 157).

T. II. 2ᵉ partie. — Cahier des porte-sacs de Dunkerque (p. 37).

CORPORATIONS (Demande d'érection en). — T. I. — Sᵗ-Donat-lez-Bailleul (p. 399) 1, 2, 3.

T. II. — Bergues, Sculpteurs, charpentiers-menuisiers (p. 16) 5 ; Maçons et tailleurs de pierre (p. 45) 1 ; non corporés, supplᵗ (p. 59) 18 ; Bergues (p. 92).

CORVÉES. — T. I. — Estaires (p. 336) 9 ; Pont d'Estaires et Doulieu (p. 344) 6.

T. II. — Dunkerque (p. 288) 7 ; Loon (p. 351) 19 ; Cahier général du Tiers-État, *Administration générale* (p. 415) 4.

COUR DE CASSEL. — T. I. — Wemaers-Cappel (p. 28) 9, 23 ; Quaestrate (p. 39) 6, 14, 15, 16, 17, 18, 19, 21, et suivants ; Oxelaere (p. 51) 4 ; Nordpeene (p. 55) 1, 9 ; Sᵗᵉ-Marie-Cappel (p. 61) 3, 4ᵇ ; Steenvoorde Vierchaere (p. 73) 5, (p. 74) 11 ; Boeschèpe (p. 78) 2, (p. 79) 3, (p. 81) 25 ; Ebblinghem (p. 95) 15 ; Staple (p. 99) 9, 13 ; Lederzeele (p. 109) 10 ; Bollezeele supplᵗ (p. 137) 8, 16 ; Zeggers-Cappel (p. 140) 1, (p. 142) 10 ; Hondeghem (p. 151) 11, 12, 13 ; Steenvoorde Marquisat (p. 163) 8, 9, 14 ; supplᵗ ɪ (p. 170) 2, 4 ; supplᵗ ɪɪ (p. 172) 1 ; Oudezeele (p. 194) 1 ; Strazeele (p. 211) 17, 19 ; Zuytpeene (p. 224) 9, 10 ; Buysscheure (p. 238) 6, 7, 8, 9, 10, 11, 12 ; Blaringhem-Flandre (p. 261) 6, 7, 8, 9, 10, 11, 12, 13, 15 ; Boeseghem (p. 290) 47, 52, 55 ; La Motte-au-Bois (p. 328) 26 ; Eecke (p. 419) 1^d.

Et aussi : Arnèke (p. 35) 9 ; Watou (p. 182) 8, 9 ; Terdeghem (p. 187) 8, 9 ; Haverskerque et St-Floris (p. 277) 5, 6, 7, 8, 9, 10, 11, 13.

T. II. — Cahier de la Noblesse, mémoire concernant les Vierschaeres (p. 452-454).

COURTASSIS, Locataires imposés, Journaliers, Kortgoseten. — T. I. — Quaestraete (p. 47) 43 ; Zeggerscappel (p. 142) 14 ; Steenvoorde-Marquisat (p. 167) 27; Haverskerque et St-Floris (p. 280) 29 ; Méteren, *Mémoire* (p. 429) 2.

T. II. — Wylder (p. 126) 8 ; Herzeele (p. 130) 20 ; Quaëdypre (p. 145) 13 ; Hoymille (p. 152) 16 ; Oost-Cappel (p. 164) 6 ; Rexpoëde (p. 167) 10 ; Téteghem (p. 177) 8e ; Killem (p. 189) 6 ; Ghyvelde (p. 213) 7^a, 16 ; Brouckerque (p. 227) 15 ; Bissezeele (p. 249) 20 ; Esquelbecq (p. 256) 18 ; Ledringhem (p. 263) 26 ; Curé de Bollezeele (p. 491),

Et aussi: Warhem (p. 199) 8 ; Bissezeele (p. 249) 20.

COUTRES D'EGLISE. — Voir : VICAIRES, COUTRES.

COUTRES DE CHARRUE. — T. I. — Hardifort, (p. 15) 8 ; Zermezeele (p. 21) 8 ; Wemaers-Cappel (p. 28) 10 ; Quaestraete (p. 48) 47 ; Oxelaere (p. 51) 5 ; Steenvoorde-Vierschaere (p. 75) 30 ; Boeschèpe (p. 80) 21 ; Broxeele (p. 119) 24 ; Zeggers-Cappel (p. 145) 23 ; Hondeghem (p. 152) 14 ; Watou (p. 183) 22 ; Winnezeele (p. 191) 9 ; Borre (p. 203) 6; Pradelles (p. 206)

11 ; Strazeele (p. 210) 11 ; Morbecque (p. 248) 5 ; Hazebrouck (p. 309) 31.

Et aussi : Arnèke (p. 35) 11 ; S^{te}.-Marie-Cappel (p. 62) 6^{h} ; S^{t}.-Sylvestre-Cappel (p. 69) 13 ; Steenvoorde Vierschaere (p. 74) 10 ; Boeschèpe (p. 80) 16 ; Sercus (p. 87) 8 ; Ebblinghem (p. 95) 16 ; Wallon-Cappel (p. 158) 13 ; Watou (p. 182) 9 ; Terdeghem (p. 187) 21 ; Strazeele (p. 210) 9 ; Zuytpeene (p. 224) 8 ; Lynde (p. 258) 23 ; Steenbecque (p. 269) 5 ; Thiennes (p. 273) 10 ; Vieux-Berquin (p. 298) 29 ; La Motte-au-Bois (p. 328) 23 ; Vleninckhove (p. 416) 10 ; Eecke (p. 421) 7 ; Merris (p. 435) 4.

T. II.— Herzeele (p. 129) 18 ; Quaëdypre (p. 146) 24; Armbouts-Cappel (p. 171) 5 ; et Cappelle (p. 174) *identique* ; Killem (p. 192) 16 ; Houtkerque (p. 268) 6, 14° ; Cahier général du Tiers-Etat, *Législation* (p. 425) 15 ; *Agriculture* (p. 431) 4.

Et aussi : Wylder (p. 125) 3 ; Steene (p. 183) 5 ; Crochte (p. 186) 5.

T. II (2e partie). — Angest-en-S^t.-Sylvestre-Cappel (p. 9) 4.

Coutumes.— T. I. — Bollezeele (p. 133) 12 ; Hondeghem (p. 151) 7 ; Lynde (p. 256) 14 ; Estaires (p. 340) 26.

T. II. — Bergues, non corporés, (p. 84) 21 ; Dunkerque (p. 303) 58 ; Cahier général du Tiers-Etat, *Législation* (p. 425) 19.

Coutumes de la Province.— Voir Capitulations.

Cuir (Droits sur le). — T. I. — Hardifort (p. 16) 11; Zermezeele (p. 23) 16 ; Wemaers-Cappel (p. 24) 1 ;

St-Jans-Cappel (p. 406) 4 ; Berthen (p. 411) 5 ; Caestre (p. 424) 1.

T. II. — Bergues, Savetiers (p. 9) 2, 3 ; Tanneurs (p. 11) 1, 2 ; Bergues (p. 92-93) ; Quaëdypre (p. 145) 20 ; Ledringhem (p. 262) 26 ; Cappelle-Brouck suppl^t (p. 377) 5 ; Cahier général du Tiers-Etat, *Commerce* (p. 430) 8 ; Cahier de la Noblesse (p. 451) 53 ; Curé de Zuytpeene (p. 504) 1.

Culte. — Voir Clergé. — Curés. — Décimateurs. — Eglise. — Messe.

Culture (Faveurs à la). — T. II. — Loon (p. 351) 21.

Cumul des Bénéfices. — Voir : Bénéfices.

Curés et Vicaires (Casuel des). — T. II. — Clergé d'Hondschoote (p. 516) 1 et suivants.

(Nécessité d'un curé ou d'un vicaire pour la paroisse). — T. I. — Nieurlet (p. 238) 6.

T. II. — Uxem (p. 156) 15 ; Chapitre de St-Pierre (p. 465) 4 ; Chapitre de Notre-Dame (p. 468) 2e doléance ; Curé de Bailleul (p. 486) 1 ; Curé de Killem (p. 502) ; Curés de Merville, de Vieux-Berquin et de Lederzeele (p. 508) 1 ; Cahier général du Clergé (p. 530).

Vieux Curés. — T. I. — Petit Robermetz (p. 464) 15, 16 ;

T. II. — Dunkerque (p. 297) 44 ; Cahier général du Tiers-Etat, *Législation* (p. 427) 33 ; Chapitre de St-Amé (p. 470) 2 ; Curé d'Hazebrouck (p. 502) 5 ; Curé de Zuytpeene (p. 507) 12 ; Chapelains de la Collégiale de St-Pierre (p. 512) 6 ; Observations des vicaires (p. 519) 3 ; Cahier général du Clergé (p. 531).

Dauphiné (Administration du). — T. I. — Quaestraete (p. 44) 27 ; Oxelaere (p. 51) 3 ; Nordpeene (p. 55) 1 ;

Ste-Marie-Cappel (p. 61) 1, 2 ; Steenvoorde-Marquisat (p. 166) 23 ; Boeseghem (p. 283) 5 ; St-Donat-lez-Bailleul (p. 397) 1 ; Nieppe (Oudencem) (p. 460) 4.

Et aussi : Watou (p. 183) 23 ; Terdeghem (p. 188) 27 ; Caestre (p. 425) 12.

T. II. — Bergues, Négociants-armateurs (p. 72) 6 ; Bergues (p. 88) 2 ; Wormhoudt, paroisse (p. 111) 33 ; Wormhoudt, comté (p. 120) 2 ; Branches de Téteghem, Ghyvelde et Uxem (p. 329) ; S^t.-Pierre-Brouck (p. 354) 5 ; Cahier général du Tiers-Etat, *Administration provinciale* (p. 420) 1 ; Chapitre de St-Pierre (p. 464) 1.

Et aussi : Hoymille (p. 149) 2.

DÉCIMATEURS ET DIMES. — T. I. — Hardifort (p. 17) 15 ; Zermezeele (p. 21) 7 ; Wemaers-Cappel (p. 31) 24, 25 ; Arnèke (p. 36) 21 ; Quaestraete (p. 46) 38 ; Ste-Marie-Cappel (p. 64) 3 et suppl^t (p. 66) ; Steenvoorde Vierschaere (p. 75) 28, 32 ; Godewaersvelde (p. 83) 21 ; Sercus (p. 87) 12, 13, 22 ; Staple (p. 98) 6 ; Lederzeele (p. 107) 3 ; Broxeele (p. 118) 20, 31, 32 ; Volckerinckhove (p. 124) 10, 11 ; Bollezeele (p. 131) 3 et suppl^t (p. 136) 3, 5 ; Zeggers-Cappel (p. 142) 13 ; Hondeghem, (p. 153) 19 ; Wallon-Cappel (p. 158) 12 ; Watou suppl^t [1] (p. 183) 1 ; Terdeghem (p. 187) 22 ; Winnezeele (p. 190) 2, 3 ; Oudezeele (p. 195) 5, suppl^t (p. 198) 3 ; Borre (p. 202) 3 ; Pradelles (p. 207) 16 ; Strazeele (p. 210) 13, 14, 15 ; Westover-en-Eecke (p. 217) 3 ; Messines-en-Eecke (p. 220) 8, 10 ; Zuytpeene (p. 224) 13 ; Buysscheure (p. 240) 13 ; Morbecque (p. 248) 4, 15 ; Lynde (p. 253) 2 ; Blaringhem Flandres (p. 266) 23, 24 ; Thiennes (p. 272) 2 ; Haverskerque-St-Floris (p. 279) 25, 26, 28 ; Boeseghem (p. 288) 31, 34, 57 ; Vieux-

Berquin (p. 295) 22, 28 ; Le Sart (p. 302) 2 ; Watten (p. 315) 11 ; Estaires (p. 339) 20 ; La Wastine (p. 350) 3, 4, 5 ; Neuf-Berquin Vierschaere (p. 352) 6, 13, 21 ; Wervicq (p. 372) 8 ; Bailleul (p. 384) 16 ; St-Donat-lez-Bailleul (p. 398) 7 ; Bailleul-Ambacht (p. 402) 3 ; St-Jans Cappel (p. 406) 2 ; Vleninckhove (p. 415) 1 ; Meteren (p. 427) 3, à Monsieur le Bailli (p. 431) ; Steenwerck (Pont d'Estaires) (p. 443) 7 ; Steenwerck (Dampierre) (p. 446) 3, 4 ; Nieppe (Oudencem) (p. 460) 2, 3 ; Petit Robermetz (p. 463) 13, 14 ; Grand Robermetz (p. 467) 15.

Et aussi : Arnèke (p. 34) 24, 25 ; Oxelaere (p. 53) 11 ; St-Sylvestre-Cappel (p. 69) 12 ; Ebblinghem (p. 94) 13 ; Widdebroucq (p. 148) 18 ; Terdeghem (p. 188) 23 ; Hazebrouck (p. 307) 17 ; La Motte-au-Bois (p. 327) 20 ; Pont d'Estaires et seigneurie de Doulieu (p. 345) 10 ; Neuf-Berquin-Vierschaere (p. 354) 21 ; Prévôté de St-Donat-lez-Bailleul (p. 395) 1 ; Doulieu (p. 450) 5, 6, 7 ; Oudencem (p. 454) 3, 4, 7.

T. II. — Wormhoudt paroisse (p. 111) 34, 39 ; Wylder (p. 125) 1, 4 ; Herzeele (p. 129) 17 ; Socx (p. 138) 14 ; Quaedypre (p. 143) 9, 10 ; Hoymille (p. 152) 13 ; Uxem (p. 156) 15 ; Bambecque (p. 160) 5, 7 ; Rexpoëde (p. 166) 5, 6 ; Armbouts-Cappel (p. 172) 7, et Cappelle (p. 174) *identique* ; Téteghem (p. 175) 7 ; Bierne (p. 179) 7, 8 (8° et 9°) ; Steene (p. 183) 7, 9 ; Killem (p. 194) 21 ; Warhem (p. 196) 4, (p. 197) 5, suppl^t (p. 201) 1 ; Coudekerque (p. 206) 8 ; (p. 207) 6° ; Ghyvelde (p. 210) 1 ; 11^b ; Spycker (p. 222) 4 ; Brouckerque (p. 224) 4, 13, 17 ; Pitgam (p. 232) 2, 9 ; Looberghe (p. 240) 11 ; Bissezeele (p. 249) 14 ; Esquelbecq (p. 255) 14 ; Ledringhem (p. 262) 25, 28 ; Houtkerque (p. 266) 2, 8, 14e ; Mardyck (p. 309) 9 ; Grande-Synthe (p. 312) 6, 15, 16 ; Petite-Synthe

(p. 318) 8 ; Branches de Téteghem, Ghyvelde et Uxem (p. 328) 6, 7, 11 ; Leffrinckhouke-Branche (p. 332) 8, 17 ; Zuydcoote (p. 334) 1 ; Bourbourg (p. 341) 20, 21 ; Craywick (p. 346) 18 ; St-Georges (p. 358) 18 ; Drincham suppl^t (p. 364) 5 ; Millam (p. 370) 8 ; Cappelle-Brouck (p. 373) 1, 2 ; Merckeghem (p. 378) ; Gravelines ii (p. 395) 5 ; Hameau des Huttes (p. 405) 2 ; Cahier général du Tiers-Etat, *Législation* (p. 427) 34, 35 ; Abbaye de St-Winoc (p. 462) 4, 5 ; Chapitre de St-Pierre, à Cassel, (p. 464) 2, 6 ; Chapitre de Notre-Dame (p. 467) 1e Doléance, Curé d'Arnèke (p. 484) 5 ; Curé de Bambecque p. 487 ; Curé de Borre (p. 493) 1 ; Curé d'Ebblinghem (p. 494) 1, 2 ; Curé d'Eringhem (p. 495) 1 ; Curé d'Estaires (p. 497) 1 ; Curés de Zuytpeene (p. 506) 11 , Curés de Vieux-Berquin et de Lederzeele (p. 508) ; Curé de Gravelines (p. 515) 5 ; Observations des vicaires (p. 519) 5 ; Cahier général du Clergé (p. 527) 1, 2, 3, 4 et suivants (p. 337).

Et aussi : Oost-Cappel (p. 164) 4 ; West-Cappel (p. 169) 6, 7 ; Crochte (p. 186) 7 ; Coudekerque-Branche (p. 325) 12 ; Loon (p. 353) 30 ; St-Pierre-Brouck (p. 356) 35. — 2e partie. — Angest en St-Sylvestre Cappel (p. 8) 3.

Défense de batir de petites maisons et de louer des fermes par parties. — T. I. — Berthen (p. 411) 6 ; Eecke, subvention... (p. 421) 3 ; Caestre (p. 425) 10.

Défrichements. — T. I. — Boeseghem (p. 287) 28 ; La Motte au Bois (p. 326) 17.

T. II. — Loon (p. 350) 12.

Et aussi : Saint-Pierre-Brouck (p. 355) 27.

Deniers pour livre (Quatre). — T. I. — Ste-Marie-Cappel (p. 64) 10 ; Sercus (p. 88) 17 ; Broxeele (p. 115)

7 ; Zeggers-Cappel (p. 145) 24 ; Lynde (p. 255) 11 ; Boeseghem (p. 290) 50 ; Estaires (p. 335) 3 ; Petit Robermetz (p. 462) 2.

Et aussi : Arnèke (p. 34) 4.

T. II. — Bergues (p. 86).

Denrées. — Voir Droits d'attelage. — Renchérissement des denrées. — Exportation des denrées.

Département. — Voir Etats de la Flandre maritime.

Repas des échevins, dépenses de bouche, etc. — T. I. — Hardifort (p. 16) 12 ; Wemaers-Cappel (p. 27) 8 ; Quaestraete (p. 41) 14 ; Boeschèpe (p. 80) 17 ; Wallon-Cappel (p. 158) 15 ; Steenvoorde Marquisat (p. 163) 8 ; Winnezeele (p. 190) 5 ; Buysscheure (p. 240) 11 ; Grand Robermetz (p. 465) 6.

Et aussi : Arnèke (p. 35) 9.

T. II. — Bergues, Marchands de vin (p. 39) 14 ; Négociants-armateurs (p. 74) 10 ; Bergues (p. 93) 22 ; Herzeele (p. 127) 3 ; Socx (p. 133) 4 ; Quaedypre (p. 143) 8 ; Bissezeele (p. 246) 3 ; Gravelines III (p. 402) 12 ; Cahier général du Tiers-Etat, *Administration provinciale* (p. 421) 6.

Députations et Voyages. — T. I. — Quaestraete (p. 40) 10, 11 ; Oudezeele (p. 195) 2, 10 ; Buysscheure (p. 239) 10.

T. II. — Wormhoudt paroisse (p. 102) 29.

Deshéritance. — Voir : Succession des batards.

Dessèchements. — Voir Moëres.

Dette de l'Etat. — T. II. — Coudekerque-Branche (p. 323) 4 ; Branches de Téteghem, Ghyvelde et Uxem (p. 327) 2 ; Craywick (p. 345) 5, 6 ; Gravelines I (p. 385)

5 ; Cahier général du Tiers-Etat, *Administration générale* (p. 417) 15, 19 ; Cahier de la Noblesse (p. 441) 3 ; Curé d'Arnèke (p. 434) 4 ; Cahier général du clergé (p. 535).

Dimes. — Voir Décimateurs.

Dimes de sang. — T. I. — Arnèke (p. 36) 21 ; Volckerinckhove (p. 124) 11.

T. II. — Cahier du Tiers-Etat (p. 427) 35.

Directeurs des paroisses, gens de loi, hommes de fiefs. — T. I. — Wemaers-Cappel (p. 28) 10 ; Nordpeene (p. 55) 1 ; Sainte-Marie-Cappel (p. 62) 4ᵉ ; Boeschèpe (p. 78) 2 ; Bavinchove (p. 102) 1 ; Rubrouck (p. 127) 1 ; Bollezeele (p. 131) 3, 8, supplément (p. 138) 17, 18, 19 ; Zeggers-Cappel (p. 141) 7 ; Steenvoorde-Marquisat (p. 162) 1, 2, 3, 4, 6 ; Watou (p. 181) 1 ; supplément (p. 183) 1, 5 ; Terdeghem (p. 188) 24 ; Oudezeele (p. 195) 2 ; suppl^t (p. 199) 7 ; Pradelles (p. 206) 7 ; Strazeele (p. 210) 7 ; Zuytpeene (p. 225) 15 ; Nieurlet (p. 242) 1, 3 ; Lynde (p. 253) 4, 7, 8 ; Blaringhem-Flandre (p. 262) 8 ; Thiennes (p. 272) 5 ; Boeseghem (p. 283) 6 ; Watten (p. 313), 1 et suivants ; La Motte-au-Bois (p. 326) 16 ; suppl^t (p. 331) 2 ; Merris (p. 433) 1 ; Steenwerck (Pont d'Estaires) (p. 439) 1, 4 ; Steenwerck (Dampierre) (p. 447) 15 ; Steenwerck (Doulieu) (p. 451) 19 ; Petit Robermetz (p. 464) 18 ; Grand Robermetz (p. 466) 7.

Et aussi : Arnèke (p. 35) 5, 11 ; Lederzeele (p. 110) 14.

T. II. — Herzeele (p. 128) 12, 13, 14 ; Hoymille (p. 150) 6 ; Uxem (p. 154) 6 ; Warhem (p. 198) 6^h ; Ghyvelde (p. 214) 8^a, 9, 17, 22 ; Brouckerque (p. 226) 12 ; Pitgam (p. 232) 3 ; Ledringhem (p. 262) 20 ; Millam (p. 371) 12 ; Cahier général du Tiers-Etat, *Adminis-*

tration générale (p. 416) 6 ; Curés de Vieux-Berquin et de Lederzeele (p. 507).

Et aussi : Coudekerque (p. 204) 3.

DISETTE. — Voir : RENCHÉRISSEMENT DES DENRÉES.

DOCTEURS, MÉDECINS, CHIRURGIENS, ACCOUCHEURS, ETC. — T. I. — Ruminghem (p. 232) 13 ; Boeseghem (p. 289) 41 ; Watten (p. 316) 15 ; Estaires (p. 340) 30, 31.

Et aussi : Widdebroucq (p. 148) 23 ; Vieux-Berquin (p. 295) 20.

T. II. — Bergues, non corporés (p. 52) 10 ; Bierne (p. 180) 8[15] ; Cappelle-Broucq (p. 376) 13 ; Cahier général du Tiers-État, *Administration provinciale* (p. 423) 16 ; Curé d'Arnèke (p. 484) autres remontrances, 3 ; Curé de Bollezeele (p. 493).

Et aussi : St-Pierre-Broucq (p. 357) 44.

DOMAINE ET DROITS DOMANIAUX. — Voir aussi : VACLAGE, TUAGE, HUILES, TOILES, CUIRS, BIÈRES, etc — T. I. — Zermezeele (p. 19) 1 ; Wemaers-Cappel (p. 24) 1 ; Oxelaere (p. 50) 1 ; Nordpeene (p. 57) 12 ; Ste-Marie-Cappel (p. 63) 9 ; Steenvoorde Vierschaere (p. 75) 26 ; Ebblinghem (p. 91) 5 ; Lederzeele (p. 108) 6 ; Bollezeele suppl^t (p. 136) 1 ; Morbecque (p. 247) 3 ; Blaringhem-Flandre (p. 264) 16 ; Haverskerque et St-Floris (p. 276) 2 ; Estaires (p. 341) 34 ; Eecke, moyens (p. 420) 1, 2 ; Steenwerck (Dampierre) (p. 447) 9 ; Steenwerck (Doulieu) (p. 450) 10 ; Steenwerck (Oudeneem) (p. 454) 2.

Et aussi : Arnèke (p. 34) 1 ; Lederzeele (p. 108) 6 ; Watou-France (p. 183) 21 ; Terdeghem (p. 187) 20 ; Haverskerque et St-Floris (p. 277) 14 ; **Neuf-Berquin (p. 353) 11.**

T. II. — Bergues, Maréchaux (p. 31) 6 ; Wylder (p.125) 2 ; Socx (p. 139) 20 ; Crochte (p. 186) 9 ; Killem (p. 194) 20 ; Bissezeele (p. 249) 17 ; Dunkerque (p. 288) 8 ; Craywick (p. 345) 7, 8 ; Cahier général du Tiers-Etat, *Administration générale* (p. 418) 21 ; Cahier de la Noblesse (p. 448) 34 ; Mémoire concernant les Vierschaeres (p. 452) ; Mémoire succinct des droits des quatre membres (p. 454) ; Curé de Bollezeele (p. 491).

Et aussi : Coudekerque-Branche (p. 324) 7 ; Loon (p. 350) 7.

Don gratuit. — T. I. — Ste-Marie-Cappel (p. 64) 11 ; Steenvoorde Marquisat (p. 165) 19 ; St-Donat-lez-Bailleul (p. 398) 8.

Et aussi : Steenvoorde-Vierschaere (p. 74) 23 ; Steenvoorde-Marquisat (p. 168) 30 ; Watou-France (p. 183) 20.

T. II. — Gravelines III (p. 403) 14 ; Curé de Borre (p. 494) 5.

Douanes. — Voir : Traites.

Droits d'attelage sur les denrées. — T. II. — Houtkerque (p. 274) *n*.

Droits honorifiques des seigneurs. — T. I. — Arnèke (p. 36) 19.

T. II. — Bergues, non corporés, suppl^t (p. 58) 10 ; Cahier de la Noblesse (p. 442) 12.

Droit d'estaendezecker. — T. I. — Petit Robermetz (p. 463) 5 ; Neuf-Berquin (p. 301).

Droits de sortie et d'entrée. — T. I. — Oxelaere (p. 54) 14 ; Lederzeele (p. 108) 6 ; Broxeele (p. 114) 4, 5 ;

Volckerinckhove (p. 123) 4 ; Wulverdinghe (p. 234) 2 ; Buysscheure (p. 237) 2 ; Nieurlet (p. 243) 2 ; Boeseghem (p. 290) 51 ; Pont d'Estaires et Doulieu (p. 345) 9 ; Neuf-Berquin-Vierschaere (p. 353) 18.

T. II. — Bergues, non corporés (p. 56) 40, 41.

Droits sur le fil. — T. I. — Prévôté de St-Donat-lez-Bailleul, *Doléances* (p. 399) 4.

Droits. — Voir : Afforage, Amortissement, Banalité, Bière, Boissons, Café, Cartes a jouer, Consulat de Cadix, Cuir, Dimes, Domaine, Eau-de-Vie, Ensaisinement, Espier, Franc-fief, Gabelle, Greffe, Huiles, Issue, Lods et Ventes, Marcgeldt, Moulage, Moulins et droit de vent, Nattedeurwaert, Octrois, Quatre-Membres, Rentes foncières, Tonlieu, Traites, Tuage, Vaclage, Vins.

Voir aussi Impots.

Dunkerque, Bourbourg et Gravelines réunis au Bailliage de Bailleul, au Présidial de Flandre et au Parlement de Flandre. — T. I. — Bailleul (p. 386) 39.

T. II. — Dunkerque (p. 302) 55 ; Mardyck (p. 307) 1 ; Bourbourg (p. 340) 6 ; Craywick (p. 344) 4^a, 21, 22 ; Drincham suppl^t (p. 364) 1 ; Gravelines II (p. 393) 2, III (p. 403) 15 ; Cahier général du Tiers-Etat, *Législation* (p. 425) 19 ; Cahier de la Noblesse (p. 445) 20 ; Cahier Général du Clergé (p. 534-536).

Et aussi : Loon (p. 350) 4, (p. 352) 28, 29.

Dunkerque (Entretien du port de). — T. II. — Grande-Synthe (p. 311) 2 ; Petite-Synthe (p. 318) 7 ; Coudekerque-Branche (p. 325) 11 ; Leffrinckhoucke-Branche (p. 330) 1 ; Zuydcoote (p. 335) 2.

Dunkerque (Chambre de Commerce de). — T. II. — Dunkerque (p. 305) 67 ; Zuydcoote (p. 335) 2 ; Cahier général du Tiers-Etat, Commerce (p. 430) 17.

Dunkerque (Franchise de). — T. II. — Bergues, Tanneurs, (p. 11) 1 ; Grande-Synthe (p. 313) 10 ; Petite-Synthe (p. 318) 7 ; Gravelines II (p. 395) 4 ; Cahier général du Tiers-Etat, Commerce (p. 430) 9 ; Cahier de la Noblesse (p. 451) 55.

Eau-de-vie. — T. I. — Hardifort (p. 16) 11 ; Wemaers-Cappel (p. 24) 1 ; Quaestraete (p. 41) 12, 13 ; Ebblinghem (p. 91) 6 ; Bavinchove (p. 103) 8.

T. II. — Bergues, non corporés (p. 54) 30 ; Brasseurs (p. 69) 5 ; Bergues (p. 92).

Eaux et Forêts. — Voir : Maitrise des Eaux et Forêts.

Ecart (droits d'). — Voir : Issue (droits d').

Echevins. — Voir : Magistrat communal, Dépenses de bouche, Offices municipaux, Députation et voyages.

Ecluses. — Voir : Ponts.

Ecoles. — Voir : Instruction.

Ecouage des Chemins. — Voir : Chemins.

Edits de 1764-1765. — T. II. — Bergues, Maréchaux (p. 31) 7 ; Marchands épiciers (p. 66) ; Négociants armateurs (p. 73) 7 ; Bergues (p. 88) 3 ; Dunkerque (p. 301) 53 ; Coudekerque-Branche (p. 324) 9, 10 ; Branche de Téteghem, Ghyvelde et Uxem (p. 327) 4 ; Craywick (p. 347) 20.

Eglises (Entretien des). — T. I. — Watten p. (318) 4, 5, 8 ; Petit Robermetz (p. 463) 13.

T. II. — Quaedypre (p. 143) 10 ; Téteghem (p. 176) 7ᵇ ; Steene (p. 183) 9 ; Warhem (p. 197) 4⁷ ; Coudekerque (p. 206) 8 ; Ghyvelde (p. 210) 1 ; Bissezeele (p. 249) 14 ; Esquelbecq (p. 255) 14 ; Grande-Synthe (p. 314) 15ᵇ ; Branche de Téteghem, Ghyvelde et Uxem (p. 328) 7 ; Drincham suppl^t (p. 364) 5 ; Abbaye de St-Winoc (p. 462) 4, 5 ; Chapitre de St-Pierre (p. 464) 2 ; Chapitre de Notre-Dame (p. 467) 1ᵉ doléance ; Curé de Bambecque (p. 487) ; Curé de Bollezeele (p. 489) 11 ; Curé de Borre (p. 493) 1 ; Curé d'Estaires (p. 497) 1 ; Cahier général du Clergé (p. 529) 4ᵈ.

Voir aussi : Décimateurs.

Eglises, Biens des Fabriques, etc. (Comptes des). — T. I. — Watten, (p. 318) 2, 7.

T. II. — Spycker (p. 222) 6 ; Gravelines III (p. 404) 16 ; Cahier général du Tiers-Etat, *Législation* (p. 427) 38 ; Abbaye de St-Winoc (p. 462) 5, (p. 465) 6 ; Curé d'Arnèke (p. 485) 8 ; Curé de Bollezeele (p. 488) 2, 5, 6, 7, 8 ; Curé d'Estaires (p. 497) 1, (498) 2, (p. 499) 3 et suiv. ; Curé d'Hazebrouck (p. 501) 2 ; Curé de Zuytpeene (p. 506) 8 ; Cahier général du Clergé (p. 534) 4.

Eglises (Erection d') ou Chapelles. — T. I. — Steenwerck Doulieu (p. 452) 22.

T. II. — Leffrinckhoucke (p. 219) 4 ; Les Moëres (p. 281) 1 ; Gravelines, Hameau des Huttes (p. 405) 2.

Et aussi : Leffrinckhoucke-branche (p. 332) 7.

Enclavements dans les villes. — T. I. — Bailleul (p. 384) 21 ; St-Donat-lez-Bailleul (p. 396) 4.

T. II. — Wormhoudt paroisse (p. 116) 43, 44 ; Looberghe (p. 238) 5 ; Cahier général du Tiers-Etat, *Législation* (p. 425) 14.

Engrais, Chaux et Fumier. — T. I. — Bailleul-Ambacht (p. 402) 6 ; Berthen (p. 411) 4 ; Vleninckhove (p. 416) 4 ; Merris (p. 436) 8.

T. II. — Pitgam (p. 234) 17 ; Les Moëres (p. 281) 4.

Ensaisinement (droits d'). — T. I. — Hardifort (p. 14) 6 ; Zermezeele (p. 20) 6 ; Wemaers-Cappel (p. 26) 4 ; Sercus (p. 88) 17 ; Broxeele (p. 115) 9, 11 ; Bollezeele (p. 134) 20 ; Winnezeele (p. 191) 13 ; Oudezeele suppl^t (p. 199) 5 ; Zuytpeene (p. 223) 4 ; Buysscheure (p. 238) 3 ; Lynde (p. 255) 11.

Et aussi : Arnèke (p. 34) 4, 19 ; Volckerinckhove (p. 123) 7.

T. II. — Esquelbecq (p. 254) 11.

Entrée. — Voir : Droits d'entrée.

Epizootie. — T. I. — Hardifort (p. 17) 17 ; Zermezeele (p. 21) 10 ; Oxelaere (p. 54) 13 ; Wallon Cappel (p. 158) 11 ; Oudezeele suppl^t (p. 190) 4 ; Westover en Eecke (p. 217) 5 ; Messines en Eecke (p. 220) 5 ; Ochtezeele (p. 227) 1 ; Wulverdinghe (p. 236) 7 ; Morbecque (p. 248) 8 ; Thiennes (p. 272) 6 ; Hazebrouck (p. 310) 46 ; Eecke, subvention (p. 422) 10.

Et aussi : Wemaers-Cappel (p. 29) 13 ; Arnèke (p. 35) 13 ; Noordpeene (p. 57) 13 ; St-Sylvestre (p. 69) 20 ; Ebblinghem (p. 93) 10 ; Staple (p. 99) 18 ; Bavinchove (p. 102) F ; Lederzeele (p. 109) 8 ; Oudezeele (p. 196) 11 ; Zuytpeene (p. 224) 12 ; Steenbecque (p. 268) 3 ; Boeseghem (p. 290) 49 ; La Motte au Bois (p. 329) 34.

T. II. — Ledringhem (p. 261) 13 ; Houtkerque (p. 268) 5, 14^a ; Millam (p. 370) 9^b ; Curé de Renescure (p. 503) 1.

Espier et de Hoflande (Rentes d'). — T. I. — Hardifort (p. 12) 2 ; Zermezeele (p. 20) 3 ; Wemaers-

Cappel (p. 26) 4 ; Oxelaere (p. 52) 6 ; Ste-Marie-Cappel (p. 64) 13 ; Staple (p. 98) 2 ; Bavinchove (p. 102) D ; Lederzeele (p. 107) 3 ; Broxeele (p. 116) 16 ; Bollezeele suppl^t (p. 136) 2 ; Zeggers-Cappel (p. 145) 22 ; Hondeghem (p. 153) 9 ; Oudezeele suppl^t (p. 199) 5 ; Borre (p. 203) 4 ; Messines en Eecke (p. 219) 2 ; Zuytpeene (p. 223) 5 ; Lynde (p. 257) 18 ; Hazebrouck (p. 307) 13 ; Bailleul (p. 390) 64 ; Eecke, subvention... (p. 421) 5.

Et aussi : Arnèke (p. 34) 4, 19 ; St-Sylvestre-Cappel (p. 68) 8 ; Wallon-Cappel (p. 157) 9.

T. II. — Cahier général du Tiers-Etat, *Législation* (p. 426) 25 ; Cahier de la Noblesse (p. 450) 51.

ETABLISSEMENTS CHARITABLES. — Voir HOPITAUX.

ETALONS. — T. II. — Spycker (p. 222) 3 ; Pitgam (p. 233) 7 ; Looberghe (p. 238) 4 ; Merckeghem suppl^t (p. 380) 3 ; Cahier général du Tiers-Etat, *Agriculture* (p. 431) 3.

ETAT-MAJOR DES PLACES. — T. I. — Bailleul, Mémoires et Doléances (p. 393) 3, 4 ; Bailleul Ambacht (p. 403) 11 ; Berthen (p. 412) 12.

T. II. — Bergues, Savetiers (p. 9) 6 ; Remontrances (p. 10) 4 ; Tonneliers (p. 13) 4 ; Drapiers (p. 20) 8 ; Marchands de vin (p. 39) 13 ; Non corporés suppl^t (p. 58) 1 ; Marchands-épiciers (p. 65) ; Cabaretiers (p. 71) 4 ; Négociants-Armateurs (p. 75) 16 ; Bergues (p. 88) 5 ; Wormhoudt paroisse (p. 115) 41, 42 ; Socx (p. 140) 22 ; Quaëdypre (p. 145) 12 ; Hoymille (p. 152) 14 ; Steene (p. 185) 11 ; Warhem suppl^t (p. 201) 2 ; Coudekerque (p. 204) 4 ; Brouckerque (p. 224) 6 ; Looberghe (p. 240) 13 ; Gravelines I (p. 391) 19, 20, III (p. 401) 8, 11 ; Cahier de la Noblesse (p. 451) 57.

Et aussi : Uxem (p. 156) 14.

Etats de la Flandre Maritime. — Département. — Etats Provinciaux. — T. I. — Quaestraete (p. 39) 6 ; Oxelaere (p. 51) 3 ; Ste-Marie-Cappel (p. 61) 4^a ; Ebblinghem (p. 90) 3 ; Staple (p. 98) 4 ; Bavinchove (p. 103) 2 ; Rubrouck (p. 128) 5 ; Zeggers-Cappel (p. 141) 5 ; Oudezeele (p. 196) 9 ; Borre (p. 201) 2 ; Pradelles (p. 205) 4 ; Blaringhem-Flandre (p. 263) 14 ; Boeseghem (p. 282) 3, 7, 8, 9, 11 ; Le Sart (p. 303) 3 ; Estaires (p. 337) 11 ; Merville (p. 358-360) ; Warnèton (p. 365) 1° (2, 3), 2° (1) ; Bailleul (p. 382) 2.

Et aussi : Widdebroucq (p. 147) 3, 5, 7, 8, 9 ; Strazeele (p. 210) 4 ; Haverskerque et St-Floris (p. 277) 12 ; Boeseghem (p. 282) 3 ; Vieux-Berquin (p. 294) 2, 3, 6, 7, 8, 10 ; St-Jans-Cappel (p. 407) 5.

T. II. — Bergues, Maréchaux (p. 31) 7 ; Négociants-Armateurs (p. 72) 6 ; Wormhoudt, paroisse (p. 111) 33 ; Wormhoudt, comté (p. 120) 2 ; Hoymille (p. 149) 2 ; Esquelbecq (p. 251) 1, 5^b, 6 ; Ledringhem (p. 258) 1, 8 ; Dunkerque (p. 294) 29, 43 ; Branches de Téteghem, Ghyvelde et Uxem (p. 329) ; Craywick (p. 346) 19 ; St-Pierrebroucq (p. 354) 5 ; Gravelines I. (p. 385) 3, 8 ; II. (p. 392) 1 ; Cahier général du Tiers-Etat (p. 410 et suivantes) *Administration générale* (p. 415) 3, 5, 6, 7, 21 ; *Administration provinciale* (p. 420) 1, 2. 9 ; Cahier de la Noblesse (p. 444) 16, 17, 18, 21, 23, 25, 26, 31, 33, 37, 38, 46 ; Abbaye de St-Winoc (p. 459) 2 ; Chapitre de St-Pierre (p. 464) 1 ; Curé de Renescure (p. 503) 2 ; Curé de Zuytpeene (p. 506) 9 ; Cahier général du Clergé (p. 533-537).

Et aussi : Hoymille (p. 149) 2 ; Uxem (p. 154) 2 ; Loon (p. 352) 26 ; St-Pierre-Brouck (p. 354) 5 ; St-Georges (p. 358) 5.

Etats Généraux, représentation double du Tiers, vote par tête, etc. Assemblée Nationale. — T. I. — Hondeghem (p. 150) 1, 3 ; Wallon-Cappel (p. 157) 1, 3, 4, 25 ; Steenvoorde-Marquisat suppl^t 4 (p. 177) 1 ; Ruminghem (p. 232) 15 ; Boeseghem (p. 282) 1, 3, 42, 45 ; Le Sart (p. 302) 2, 7 ; Hazebrouck (p. 306) 4, 5 ; Estaires (p. 337) 11 ; Neuf-Berquin Vierschaere (p. 354) 20 ; Warnèton (p. 365) 1° (8) ; Bailleul (p. 382) 3.

Et aussi : St-Sylvestre-Cappel (p. 68) 3, 4 ; Sercus (p. 86) 1 ; Widdebroucq (p. 147) 1,3 ; Vieux-Berquin (p. 294) 1, 3 ; La Motte-au-Bois (p. 325) 1, 3, 4 ; Pont-d'Estaires (p. 346) 20 ; Neuf-Berquin Vierschaere (p. 352) 4.

T. II. — Bergues, Drapiers (p. 18) 2 ; Marchands de vin (p. 37) 4, 5 ; Négociants-Armateurs (p. 72) 2 3 ; Bergues (p. 87) 1, 2 ; Wormhoudt-Comté (p. 120) 1 ; Hoymille (p. 149) 1 ; Bierne (p. 179) 8^1 8^{17} ; Dunkerque (p. 287) 2, 3, 4, 5, 7, 25, 29 ; Coudekerque-Branche (p. 323) 2, 3, 5 ; Bourbourg (p. 339) 1, 3, 4 ; Craywick (p. 343) 1, 2, 3, 6, 19 ; Gravelines I (p. 384) 1, 2, 3, 15, 16, 18 ; Cahier général du Tiers-Etat, *Administration générale* (p. 415) 1, 2, 3, 4, 5, 6, 7, 11, 19, 21 ; *Commerce* (p. 429) 1 ; Cahier de la Noblesse (p. 440) 1, 2, 3, 4, 5, 6, 10, 11, 13, 14, 15, 16 ; Chapitre de St-Amé (p. 471) 12 ; Sœurs grises de Bailleul (p. 474) ; Cahier général du Clergé (p. 526, p. 537).

Et aussi : Loon (p. 350) 1, 2, 6 ; St-Pierre-Broucq (p. 354) 1, 3, 4, 9 ; St-Georges (p. 358) 1, 3, 4, 9.

Evêchés (Nomination alternative de nobles et de roturiers aux). — T. II. — Bergues, non corporés suppl^t (p. 59) 14.

Evêques. — T. II. — Bergues, non corporés suppl^t

(p. 59) 14 ; Curé d'Eringhem (p. 496) 7 ; Curé d'Hazebrouck (p. 502) 6.

Voir aussi : Résidence des évêques.

Evocations. — Voir Committimus.

Exportation des denrées et matières premières. — T. I. — Wallon-Cappel (p. 158) 14 ; Terdeghem (p. 188) 26 ; Ruminghem (p. 232) 11 ; Hazebrouck (p. 311) 50 ; Watten suppl^t iii (p. 323) 2, 3, 4 ; Werwicq (p. 368) 1 ; Eecke (p. 421) 8.

Et aussi : St-Sylvestre-Cappel (p. 69) 10.

T. II. — Bergues, Savetiers (p. 9) 3 ; Tanneurs (p. 11) 2 ; Non corporés (p. 52) 11, 41 ; Dunkerque (p. 296) 35 ; Grande-Synthe (p. 313) 10 ; Branche de Téteghem, Ghyvelde et Uxem (p. 328) 9 ; Cahier général du Tiers-Etat, *Commerce* (p. 431) 20 ; Curé de Zuytpeene (p. 505) 5 ; Chapelains de la Collégiale de St-Pierre (p. 511) 4 ; Cahier général du Clergé (p. 535).

Et aussi : 2e partie, Angest en St-Sylvestre-Cappel (p. 8) 1.

Extraordinaire des guerres. — T. I. — Bailleul (p. 387) 44, (p. 393) 2, 4 ; Steenwerck (Doulieu) (p. 451) 12.

Et aussi : Prévôté de St-Donat (p. 395) 2.

Fainéants, vagabonds, mendiants. — T. I. — Boeschèpe (p. 79) 8 ; Broxeele (p. 119) 29 ; Hondeghem (p. 153) 20 ; Steenvoorde Marquisat (p. 167) 19 ; Winnezeele (p. 190) 7 ; Boeseghem (p. 289) 40 ; Eecke, *subvention*... (p. 442) 7 ; Caestre (p. 425) 11 ; Nieppe (p. 457) 7.

Et aussi : Wallon Cappel (p. 159) 24.

T. II. — Bambecque (p. 158) 1, 4 ; Armbouts-Cappel (p. 171) 1, et Cappelle (p. 174) *identique* ; Steene (p.

183) 1 ; Ghyvelde (p. 215) 10, 21 ; Dunkerque (p. 288) 10 ; Leffrinckhouke-Branche (p. 330) 1, 11 ; Cahier général du Tiers-Etat, *Administration générale* (p. 418) 22 ; Cahier de la Noblesse (p. 447) 33.

Et aussi : Téteghem (p. 175) 1 ; Bierne (p. 178) 1 ; Steene (p. 183) 1 ; Warhem (p. 196) 1 ; Leffrinckhoucke (p. 220) 5¹ ; St-Pierre-Brouck (p. 357) 43 ; St-Georges (p. 358) 16.

Voir aussi : Pauvres.

Ferme du tabac. — T. II. — Dunkerque (p. 288) 7 ; Craywick (p. 346) 15 ; Gravelines I (p. 385) 6.

Voir aussi : Tabac.

Fermes (Employés des). — T. I. — Hardifort (p. 11) 1 ; Zermezeele (p. 19) 1 ; Wemaers-Cappel (p. 24) 1, 2, 3 ; Quaestraete (p. 44) 28 ; Bavinchove (p. 103) 1 ; Bollezeele suppl^t (p. 136) 1 ; Hondeghem (p. 150) 4, 22 ; Oudezeele suppl^t (p. 198) 1 ; Borre (p. 201) 2 ; Nieurlet (p. 243) 2 ; Lynde (p. 252) 1 ; Bailleul (p. 383) 5, 10, 27 ; Berthen (p. 413) 13 ; Caestre (p. 424) 1 ; Meteren (p. 427) 2 ; Morris (p. 435) 7.

Et aussi : Arnèke (p. 34) 1, 2, 3 ; La Motte-au-Bois (p. 326) 7 ; Vleninckhove (p. 416) 13.

T. II. — Bergues, Marchands épiciers (p. 60) ; Quaedypre (p. 145) 18 ; Drincham suppl^t (p. 364) 2 ; Gravelines I (p. 390) 17 ; Cahier général du Tiers-Etat, *Administration générale* (p. 416) 11 ; Chapitre de Notre-Dame (p. 469) 1e *remontrance* ; Curé d'Arnèke (p. 483) 1, 3, 5.

Et aussi : 2e partie, Angest en St-Sylvestre (p. 9) 5.

Fermes en ruines ou réunies à d'autres. — T. I. — Zermezeele (p. 22) 12 ; Wemaers-Cappel (p. 29) 15 ;

Arnèke (p. 35) 15, 17 ; Lederzeele (p. 110) 16 ; Broxeele (p. 119) 27 ; Bollezeele (p. 133) 15 ; Zeggers-Cappel (p. 144) 20 ; Watou suppl[t] I (p. 184) 7 ; Eecke (p. 421) 9.

Et aussi : St-Sylvestre (p. 69) 11 ; Zuytpeene (p. 224) 11.

T. II. — Bergues, Négociants-Armateurs (p. 79) 27 ; Wormhoudt paroisse (p. 117) 46 ; Wormhoudt Comté (p. 123) 14 ; Herzeele (p. 130) 19 ; Socx (p. 139) 19 ; Quaedypre (p. 143) 10, (p. 145) 16 ; Hoymille (p. 152) 15 ; Rexpoëde (p. 167) 9 ; Téteghem (p. 176) 7e ; Bierne (p. 180) 19, 20 ; Crochte (p. 186) 10, 11 ; Killem (p. 193) 18 ; Warhem (p. 199) 9 ; Ghyvelde (p. 213) 6, (p. 217) 15 ; Spycker (p. 222) 7, 8 ; Brouckerque (p. 226) 12 ; Pitgam (p. 234) 11 ; Looberghe (p. 238) 2 ; Bissezeele (p. 249) 16, 18 ; Esquelbecq (p. 256) 18 ; Ledringhem (p. 262) 23 ; Houtkerque (p. 275) 14[a] ; Grande-Synthe (p. 314) 11 ; Drincham (p. 361) 3, (p. 362) 1 ; Curé de Bollezeele (p. 493) ; Curé d'Eringhem (p. 496) 4 ; Curé de Zuytpeene (p. 504) 2.

Et aussi : Uxem (p. 156) 17 ; Oost-Cappel (p. 164) 6 ; West-Cappel (p. 169) 9 ; Eringhem (p. 366) 3.

2e partie. — Angest en St-Sylvestre (p. 8) 2.

FERMES (location de). — Voir : DÉFENSE DE BATIR DE PETITES MAISONS.

FIEFS. — T. I. — Hondeghem (p. 153) 21 ; Lynde (p. 252) 14 ; Boeseghem (p. 286) 25 ; Estaires (p. 339) 21 ; Steenwerck (Doulieu) (p. 451) 16 ; Petit Robermetz (p. 463) 12.

Et aussi : Vieux-Berquin (p. 294) 16 ; Pont d'Estaires (p. 345) 13.

T. II. — Bergues, Non corporés (p. 54) 31 ; Bergues

(p. 90) *b* ; Dunkerque (p. 298) 47 ; Cahier général du Tiers-Etat, *Législation* (p. 426) 29.

Et aussi : Loon (p. 351) 13.

Fil et Filteries. — T. I. — Werwicq (p. 369) 2.

T. II. — 2ᵉ partie. Angest en Sᵗ-Sylvestre-Cappel (p. 8) 1.

Voir aussi : Droits sur le fil.

Flandre Maritime et Flandre Wallonne (séparation des). — T. I. — Vieux-Berquin (p. 296) 25 ; Hazebrouck (p. 307) 20 ; Bailleul (p. 388) 49, 68 ; Sᵗ-Donat-lez-Bailleul (p. 398) 13.

Et aussi : Drincham (p. 364) 2.

T. II. — Bergues, Maréchaux (p. 31) 7, 18, Non corporés (p. 52) 14, Bergues (p. 88) 2 ; Bierne (p. 179) 8² ; Dunkerque (p. 295) 30 ; Bourbourg (p. 341) 16 ; Gravelines II (p. 392) 1 ; Cahier de la Noblesse (p. 445) 24 ; Curé de Renescure (p. 503) 2 ; Cahier général du Clergé (p. 534).

Foires et francs marchés. — T. I. — Sercus (p. 87) 7 ; Hondeghem (p. 152) 17 ; Wallon-Cappel (p. 159) 19 ; Buysscheure (p. 238) 5 ; Steenbecque (p. 269) 6 ; Hazebrouck (p. 309) 35 ; Bailleul (p. 389) 53 ; Sᵗ-Donat-lez-Bailleul (p. 397) 7 ; Bailleul Ambacht (p. 402) 7.

Et aussi : Sᵗ-Jans-Cappel (p. 408) 6.

T. II. — Bergues, Non corporés, supplᵗ (p. 59) 17° ; Looberghe (p. 238) 6 ; Petite-Synthe (p. 321) 13 ; Merckeghem supplᵗ (p. 380) 4 ; Cahier général du Tiers-Etat, *Commerce* (p. 430) 16 ; Curé de Zuytpeene (p. 506) 7.

Forêts. — Voir Bois.

Fournitures militaires. — Voir Garnisons.

Frais des administrations de la Flandre Maritime. — Voir Abus.

Franc-fief (Droits de). — T. I. — Boeseghem (p. 286) 23 ; Warnéton (p. 365) 4.

Et aussi : Widdebroucq (p. 148) 15.

T. II. — Bourbourg (p. 341) 12 ; St-Pierrebroucq (p. 355) 20.

Francs-marchés. — Voir Foires.

Frontières de la France. — Voir : Traites. — Traité de 1769. — Traité de 1779.

Fumier. — Voir : Engrais.

Fusils et Armes a feu. — T. I. — Hardifort (p. 14) 7 ; Zermezeele (p. 20) 4 ; Wemaers-Cappel (p. 28) 9 ; Quaestraete (p. 46) 36 ; Oxelaere (p. 51) 5 ; Nordpeene (p. 57) 14 ; Steenvoorde-Vierschaere (p. 74) 10 ; (p. 76) 31 ; Boeschèpe (p. 80) 16, 19 ; Bavinchove (p. 102) G, H, (p. 103) 6 ; Wallon-Cappel (p. 159) 22 ; Watou (p. 183) 13 ; Borre (p. 203) 6 ; Zuytpeene (p. 224) 10 ; Morbecque (p. 249) 9 ; Steenbecque (p. 268) 1 ; Thiennes (p. 273) 9 ; Hazebrouck (p. 308) 30 ; La Motte-au-Bois (p. 329) 30, (p. 331) 4 ; Bailleul Ambacht (p. 402) 5 ; Petit-Robermetz (p. 463) 9 ; Grand-Robermetz (p. 467) 18.

Et aussi : Arnèke (p. 35) 10 ; St-Sylvestre (p. 70) 22 ; Sercus (p. 87) 11 ; Ebblinghem (p. 96) 20 ; Staple (p. 99) 12 ; Broxeele (p. 119) 28 ; Terdeghem (p. 187) 7, (p. 188) 25 ; Winnezeele (p. 190) 7 ; Oudezeele (p. 196) 12 ; Pradelles (p. 206) 10 ; Strazeele (p. 210) 8 ; Boeseghem (p. 291) 53 ; Vleninckhove (p. 416) 11 ; Eecke (p. 421) 6 ; Merris (p. 435) 5 ; Steenwerck-Dampierre (p. 446) 2.

T. II. — Bergues, Non corporés (p. 54) 29, Négociants-Armateurs (p. 77) 24 ; Wormhoudt paroisse (p. 110) 32 ; Socx (p. 136) 11 ; Quaedypre (p. 142) 5 ; Bambecque (p. 159) 4 ; Armbouts-Cappel (p. 172) 6, et Cappelle (p. 174) *identique* ; Killem (p. 190) 9 ; Ghyvelde (p. 215) 9 ; Brouckerque (p. 224) 7 ; Pitgam (p. 232) 4 ; Looberghe (p. 239) 8 ; Esquelbecq (p. 256) 15 ; Ledringhem (p. 260) 10 ; Houtkerque (p. 272) 14ᵃ ; Petite-Synthe (p. 321) 14 ; Branche de Téteghem, Ghyvelde et Uxem (p. 328) 8 ; Leffrinckhouke-Branche (p. 331) 6, 15 ; Drincham (p. 361) 2 ; Cahier général du Tiers-Etat, *Législation* (p. 428) 44.

Et aussi : Oost-Cappel (p. 164) 3 ; Rexpoëde (p. 166) 3, 4 ; West-Cappel (p. 169) 4 ; Téteghem (p. 175) 6, (p. 178) 6 ; Warhem (p. 196) 3 ; Coudekerque (p. 205) 7 ; Bissezeele (p. 248) 10 ; Coudekerque-Branche (p. 325) 12 ; Eringhem (p. 366) 2.

Gabelle. — T. II. — Dunkerque (p. 288) 7 ; Loon (p. 351) 18 ; Gravelines ɪ (p. 385) 6 ; Cahier de la Noblesse (p. 447) 30 ; Chapelain de la Collégiale de Saint-Pierre (p. 511) 2.

Voir aussi : Sel.

Garennes. — Voir : Gibier.

Garnisons et Fournitures Militaires. — T. II. — Bergues, Savetiers (p. 9) 6, Pharmaciens (p. 15) 4, Pottiers, Mégissiers, Cordiers (p. 21) 3, Boulangers (p. 23) 3, Maréchaux (p. 33), Maçons et Tailleurs de pierres (p. 46) 4, Marchands graissiers (p. 50), Non corporés (p. 55) 38, Marchands épiciers (p. 65), Brasseurs (p. 68) 3, Négociants-Armateurs (p. 76) 17, Bergues (p. 92) ; Coudekerque (p. 303) 3 ; Gravelines ɪɪɪ

(p. 400) 4, 17 ; Gravelines Hameau des Huttes (p. 406) 4 ; Cahier général du Tiers-Etat, *Administration générale* (p. 416) 8.

Gazette ecclésiastique. — Voir : Publications prohibées.

Gens de Loi. — Voir : Directeurs des Paroisses et Officiers Municipaux.

Gibier, Cerfs, Garennes de Lapins, etc.— T. I.— Quaestraete (p. 44) 25 ; Ruminghem (p. 232) 12 ; Morbecque (p. 249) 10 ; Steenwerck (Doulieu) (p. 451) 17 ; Petit Robermetz (p. 463) 9 ; Grand Robermetz (p. 465) 4.

T. II. — Bergues, Négociants-armateurs (p. 75) 24 ; Bambecque (p. 159) 4 ; Téteghem (p. 175) 6 ; Bierne (p. 178) 8[1] ; Killem (p. 190) 9 ; Esquelbecq (p. 256) 16 ; Cahier général du Tiers-Etat, *Législation* (p. 428) 40.

Gradués des Universités. — T. I. — Hazebrouck (p. 306) 8.

T. II. — Dunkerque (p. 298) 46 ; Mardyck (p. 308) 5 ; Cahier général du Tiers-Etat, *Administration générale* (p. 420) 32, *Législation* (p. 427) 32 ; Cahier de la Noblesse (p. 450) 49 ; Cahier général du Clergé (p. 534-536).

Grains. — Voir : Mesurage des Grains. — Colza. — Espier.

Et aussi : T. II. — 2me partie, Cahier des Porte-Sacs de Dunkerque (p. 37).

Gratifications. — Voir : Pensions.

Gravelines (Port de). — T. II. — Gravelines III (p. 398) 2, 5.

Gravelines (Commerce de). — T. II. — Gravelines III (p. 399) 3, 11, 17.

Gravelines (Banlieue de). — T. II. — Gravelines III (p. 397) 1, 15.

Gravelines. — Voir : Dunkerque, Bourbourg, Gravelines. — Matelots-Pêcheurs des Huttes.

Greffe (Droits de). — T. I. — Lynde (p. 257) 20 ; Hazebrouck (p. 309) 33 ; La Motte-au-Bois (p. 329) 33, suppl^t (p. 331) 6 ; Bailleul (p. 383) 15.

T. II. — Bambecque (p. 162) 6 ; Armbouts-Cappel (p. 172) 8 ; et Cappelle (p. 174). *identique*.

Et aussi : Téteghem (p. 177) 8 ; Steene (p. 183) 8 ; Warhem (p. 199) 7 ; Coudekerque (p. 207) 11.

Greffiers. — Voir : Baillis.

Halle aux grains (Mesurage des grains et). — T. I. — Pont d'Estaires et Doulieu (p. 344) 8.

T. II. — Bergues, Négociants et Armateurs (p. 76) 21 ; Bergues (p. 92) ; Ledringhem (p. 261) 17.

Hoflande. — Voir : Espier.

Hommes de fiefs. — Voir : Directeurs des paroisses.

Hoofman, Asséeurs, Notables. — T. I. — Wemaers-Cappel (p. 28) 10 ; Quaestraete (p. 39) 5 ; Oudezeele (p. 195) 7 ; Blaringhem-Flandre (p. 261) 4 ; Hazebrouck (p. 308) 23 ; Watten, *plaintes* (p. 318) 1, 2 ; Merris (p. 434) 2 ; Steenwerck (Pont d'Estaires) (p. 442) 4 ; Grand Robermetz (p. 466) 8, 9, 10, 11, 12, 13.

T. II. — Bergues, Tanneurs (p. 12) 3, Marchands de vin (p. 39) 14 ; Cabaretiers (p. 71) 9 ; Bergues (p. 84) ; Wormhoudt paroisse (p. 101) 8, 9, 10, 11, 13, 14, 15,

19, 21, 31, 32, 36, 37, 39 ; Wormhoudt Comté (p. 121) 3, 4, 5 ; Herzeele (p. 128) 7 ; Hoymille (p. 149) 4, 5 ; Bierne (179) 8ᵉ ; Looberghe (p. 241) 19 ; Dunkerque (p. 301) 53 ; Gravelines III (p. 400) 5 ; Cahier général du Tiers-Etat, *Administration provinciale* (p. 422) 7.

Et aussi : Hoymille (p. 149) 3 ; Uxem (p. 154) 3, 4, 5 ; Eringhem (p. 366) 1.

Voir aussi : Directeurs des paroisses.

Hopitaux et Établissements charitables. — T. I. — Wemaers-Cappel (p. 32) 26 ; Steenvoorde Vierschaere (p. 75) 28 ; Rubrouck (p. 129) A ; Bollezeele suppl^t (p. 137) 13 ; Steenvoorde Marquisat (p. 167) 29, suppl^t I (p. 171) 7 ; Hazebrouck.

Et aussi : Arnèke (p. 35) 26 ; Steenvoorde Vierschaere (p. 74) 22.

T. II. — Sœurs grises d'Hazebrouck (p. 474) 1 ; Sœurs pénitentes d'Hondschoote (p. 479) ; curé d'Arnèke (p. 484) 2, (p. 485) 6 ; curé de Borre (p. 493) 3.

Huiles (Droits sur les). — T. II. — Bergues, Marchands graissiers (p. 49), Bergues (p. 92) ; Cahier de la Noblesse (p. 451) 53 ; curé de Zuytpeene (p. 504) 1.

Et aussi : Arnèke (p. 34) 1.

Huissiers-jurés-priseurs. — Voir : Offices d'Huissiers.

Importations. — T. I. — Hazebrouck (p. 310) 48.

T. II. — Bergues Non corporés suppl^t (p. 58) 2.

Impot foncier et surcharge de cet impot. — T. II. — Hoymille (p. 152) 16 ; Bambecque (p. 158) 1.

Et aussi : Widdebroucq (p. 148) 17 ; Vieux-Berquin (p. 295) 17.

T. II. — Uxem (p. 156) 18 ; Oost-Cappel (p. 164) 1 ; Rexpoëde (p. 166) 1 ; West-Cappel (p. 169) 1 ; Armbouts-Cappel (p. 171) 1 ; Steene (p. 183) 1 ; Crochte (p. 186) 1 ; ; Leffrinckoucke (p. 219) 3, (p. 220) 5³ ; Bourbourg (p. 341) 14 ; Craywick (p. 345) 12 ; Loon (p. 351) 15 ; St Pierre-Brouck (p. 356) 31 ; St-Georges (p. 358) 15.

Voir aussi : Impot unique, territorial, réel.

Impot unique, territorial, réel. — T. I. — Wemaers Cappel (p. 29) 16, 17 ; Oxelaere (p. 51) 2 ; Oudezeele suppl^t (p. 198) 2 ; Berthen (p. 412) 9 ; Vleninckhove (p. 416) 6 ; Petit Robermetz (p. 463) 11.

Et aussi : Arnèke (p. 34) 16, 19, 20.

T. II. — Bergues, Maréchaux (p. 31) 6, Marchands de vin (p 37) 6, Non corporés (p. 52) 9 ; Dunkerque (p. 288-297) 6, 42 ; Loon (p. 351) 18 ; Cappelle-Brouck suppl^t (p. 377) 2 ; Gravelines i (385) 5, 7, 8, 9 ; Cahier général du Tiers-Etat, *Administration générale* (p. 418) 18 ; curé d'Arnèke (p. 483) 6.

Et aussi : Coudekerque (p. 323) 3.

Impot par mesure de terre. — T. I. — Sercus (p. 86) 5 ; Bavinchove (p. 101) 13 ; Lederzeele (p. 107) 4 ; Broxeele (p. 116) 14 ; Bollezeele (p. 133) 16 ; Westover en Eecke (p. 216) 1 ; Nieurlet (p. 242) 1 ; Lynde (p. 252) 1 ; Nieppe (Oudeneem) (p. 460) 1 ; Petit Robermetz (p. 464) 21.

T. II. — Wormhoudt paroisse (p. 112) 35 ; Herzeele (p. 130) 22 ; Téteghem (p. 175) 1 ; Mardyck (p. 309) 10 ; Petite-Synthe (p. 317) 1 ; Millam (p. 370) 10 ; Merckeghem suppl^t (p. 381) 6, 7.

Impot du timbre. — T. II. — Gravelines i (p. 387) 9.

Impot sur les Maisons. — T. I. — Steenvoorde

Marquisat (p. 167) 26 ; Watten, *remontrances* (p. 319) 6 ; Estaires (p. 338) 16 ; Méteren, *mémoires* (p. 429) 2.

T. II. — Bergues, Maçons et Tailleurs de pierres (p. 45) 3, Marchands épiciers (p. 66), Négociants-Armateurs (p. 74) 11.

Impots (Augmentation des). — T. I. — Arnèke (p. 34) 1 ; Quaestracte (p. 38) 2 ; Lederzeele (p. 107) 4, 6 ; Volckerinckhove (p. 123) 8 ; Zeggers-Cappel (p. 142) 14, 19, 29 ; Steenvoorde-Marquisat suppl^t ^{2} (p. 174) 3 ; Oudezeele (p. 196) 13 ; Pradelles (p. 205) 1 ; Strazeele (p. 209) 1 ; Westover en Eecke (p. 216) 1 ; Messines en Eecke (p. 219) 1, 3 ; Zuytpeene (p. 223) 1, 2 ; Ochtezeele (p. 227) 1 ; Wulverdinghe (p. 234) 1 ; Watten, *remontrances* (p. 220) 11, suppl^t (p. 322) 11 ; Estaires (p. 336) 7 ; Neuf-Berquin-Vierschaere (p. 353) 14, 16 ; Bailleul-Ambacht (p. 402) 3 ; Nieppe (p. 456) 4.

T. II. — Bergues, Charcutiers (p. 26) ; Wormhoudt-paroisse (p. 106) 21 ; Wylder (p. 125) 2 ; Quaedypre (p. 141) 1, 25 ; Hoymille (p. 149) 1 ; Bambecque (p. 158) 1 ; Oost-Cappel (p. 164) 6 ; Armbouts-Cappel (p. 171) 1, et Cappelle (p. 174) *identique* ; Téteghem (p. 175) 1 ; Killem (p. 188) 5 ; Coudekerque (202) 1, 3 ; Ghyvelde (p. 211) 2 ; Spycker (p. 221) 2 ; Brouckerque (p. 223) 1 ; Looberghe (p. 237) 1 ; Ledringhem (p. 260) 11 ; Millam (p. 368) 1 ; Cahier général du Tiers-Etat (p. 413) ; curé de Bollezeele (p. 490) 15.

Et aussi : Uxem (p. 154) 1.

Impots (Répartition et Collecte des). — T. I. — Nordpeene (p. 56) 7 ; St-Sylvestre-Cappel (p. 69) 14, 15 ; Steenvoorde-Marquisat (p. 166) 20, 25 ; Pradelles (p. 205) 4 ; Thiennes (p. 272) 3 ; Boeseghem (p. 287) 29 ; Watten *remontrances* (p. 319) 6 ; La Motte-au-Bois, suppl^t (p. 331) 1 ; Warnèton (p. 365) 1° $^{(2)}$; Steenwerck (Pont d'Estaires) (p. 441) 2 ; Nieppe (p. 455) 2 ; Petit Robermetz (p. 463) 10.

T. II. — Grande-Synthe (p. 311) 1 ; St-Pierre-Brouck (p. 356) 32, 33 ; Millam (p. 368) 2, 3 et suivants ; Cappelle-Brouck (p. 373) 3 ; Merckeghem suppl^t (p. 380) 2 ; Cahier général du Tiers-Etat, *Administration provinciale* (p. 421) 2, 4, 14 ; Cahier de la Noblesse (p. 445) 23 ; curé d'Arnèke (p. 484).

Impots. — Simplification de la perception des impôts, impôts versés directement au Trésor.—T.1.—Wemaers-Cappel (p. 30) 18 ; Quaestraete (p. 44) 29 ; Oxelaere (p. 50) 1 ; Nordpeene (p. 56) 7 ; Staple (p. 98) 8 ; Bavinchove (p. 103) 1 ; Lederzeele (p. 108) 6 ; Broxeele (p. 118) 23 ; Rubrouck (p. 128) 3, b ; Hondeghem (p. 150) 4 ; Steenvoorde-Marquisat (p. 163) 10 ; Oudezeele (p. 196) 9, suppl^t (p. 199) 7 ; Borre (p. 201) 2 ; Pradelles (p. 205) 4 ; Flêtre (p. 213) ; Westover-en-Eecke (p. 217) 7 ; Messines-en-Eecke (p. 221) 11 ; Zuytpeene (p. 225) 17 ; Morbecque (p. 247) 3 ; Lynde (p. 254) 6 ; Thiennes (p. 272) 3 ; Hazebrouck (p. 306) 9 ; La Motte-au-Bois (p. 326) 6 ; Estaires (p. 340) 26 ; Warnèton (p. 365) 1° $^{(2)}$; Bailleul (p. 382) 4 ; St-Donat-lez-Bailleul (p. 397) 8 ; Bailleul-Ambacht (p. 402) 9 ; Berthen (p. 413) 14 ; Meteren (p. 427) 1 ; Steenwerck (Dampierre) (p. 446) 5 ; Petit-Robermetz (p. 462) 1.

Et aussi : Arnèke (p. 34) 17, 18 ; Ste-Marie-Cappel (p. 62) 5 ; Steenvoorde-Vierschaere (p. 74) 8 ; Boeschèpe (p. 79) 9 ; Sercus (p. 87) 9 ; Wallon-Cappel (p. 157) 6 ; Watou (p. 182) 10 ; Terdeghem (p. 187) 10 ;

Strazeele (p. 210) 4 ; Ochtezeele (p. 228) 5 ; Haverskerque et St-Floris (p. 277) 14 ; Vleninckhove (p. 416) 8 ; Caestre (p. 424) 3 ; Doulieu (p. 450) 7 ; Oudeneem-en-Steenwerck (p. 454) 5 ; Oudeneem-en-Nieppe (p. 460) 4.

T. II. — Bergues, Maréchaux (p. 31) 6 ; Socx (p. 139) 18 ; Bissezeele (p. 248) 9 ; Esquelbecq (p. 252) 4 ; Ledringhem (p. 260) 11 ; Dunkerque (p. 288) 9 ; Cappelle-Brouck suppl^t (p. 377) 4 ; Merckeghem (p. 379) ; Cahier général du Tiers-État, *Administration générale* (p. 417) 16 ; Chapitre de St-Pierre (p. 466) 7 ; Chapitre de Notre-Dame (p. 469) *1re remontrance* ; curé d'Arnèke (p. 484) ; curé de Berre (p. 493) 4 ; chapelains de la Collégiale de St-Pierre (p. 511) 5 ; Cahier général du Clergé (p. 535).

Impots (Plus d'exemption d') et égalité des impôts. — T. I. — Lederzeele (p. 105) 1, (p. 110) 13 ; Wallon-Cappel (p. 159) 23 ; Winnezeele (p. 190) 4 ; Borre (p. 202) 3 ; Wulverdinghe (p. 235) 4, 5, 6 ; Nieurlet (p. 242) 1, 7 ; Morbecque (p. 249) 11 ; Haverskerque et St-Floris (p. 278) 16 ; Boeseghem (p. 286) 23 ; Hazebrouck (p. 308) 29 ; La Motte-au-Bois (p. 326) 10, (p. 327) 18 ; Estaires (p. 336) 7 ; Warnèton (p. 365) 1 ; Bailleul (p. 383) 8 ; Berthen (p. 412) 8 ; Eecke, *moyens*... (p. 420) 5 ; Nieppe (p. 456) 4 ; Petit-Robermetz (p. 463) 10, 11, 19.

Et aussi : St-Sylvestre-Cappel (p. 70) 23 ; Steenvoorde-Vierschaere (p. 74) 17, (p. 75) 27 ; Boeschèpe (p. 80) 14 ; Broxeele (p. 120) 35 ; Bollezeele (p. 131) 1 ; Widdebroucq (p. 148) 15 ; Steenvoorde-Marquisat (p. 167) 27 ; Watou-France (p. 183) 16 ; Pradelles (p. 206) 5 ; Strazeele (p. 210) 5 ; Zuytpeene (p. 226) 18 ;

Pont d'Estaires et Doulieu (p. 345) 11 ; Neuf-Berquin-Vierschaere (p. 352) 2 ; Caestre (p. 425) 5, 8 ; Steenwerck-Dampierre (p. 446) 1 ; Doulieu (p. 450) 1 ; Oudeneem (p. 454) 9 ; Oudeneem-en-Nieppe (p. 460) 1.

T. II. — Bergues, Savetiers (p. 9) 5, Tanneurs (p. 12) 4 ; Pharmacien (p. 14) 3, Drapiers (p. 20) (*fin*), Pottiers-mégissiers et cordiers (p. 23) (*fin*), Boulangers (p. 23) (*fin*), Charcutiers (p. 28), Maréchaux (p. 30) 2, Marchands de vin (p. 37) 6, 12 ; Tailleurs (p. 43) Non corporés (p. 56) 44, Maîtres-bouchers (p. 67) 1, Cabaretiers (p. 70) 3, 4, Négociants-armateurs (p. 75) 14, 15, Bergues (p. 88) 4 ; Wormhoudt-paroisse (p. 98-112) 2, 35 ; Wormhoudt-comté (p. 123) 12 ; Herzeele (p. 129) 16 ; Quaedypre (p. 145) 15 ; Bambecque (p. 162) 8 ; Rexpoëde (p. 167) 8 ; Bierne (p. 179) 8[5] ; Killem (p. 194) 20 ; Warhem (p. 197) 5 ; Ghyvelde (p. 218) 24 ; Brouckerque (p. 225) 8 ; Looberghe (p. 243) 25 ; Ledringhem (p. 261) 12 ; Houtkerque (p. 269) 7[d], 14[d] ; Dunkerque (p. 288) 6 ; Branches de Téteghem, Ghyvelde et Uxem (p. 328) 11 ; Bourbourg (p. 341) 12, 19 ; Craywick (p. 344) 3[b] ; St-Georges (p. 358) 13, (p. 359) 20 ; Gravelines I (p. 385) 4, 19 ; Cahier général du Tiers-Etat, *Administration générale* (p. 417) 16 ; curé de Steenvoorde (p. 481) ; curé de Bollezeele (p. 493) ; chapelains de la Collégiale de St-Pierre (p. 511) 3 ; Observations des vicaires (p. 519) 4.

Et aussi : Tonneliers de Bergues (p. 13) 3 ; Hoymille (p. 152) 17 ; **Uxem** (p. 156) 19 ; Loon (p. 350) 3 ; St-Pierre-Brouck (p. 355) 20, (p. 356) 30.

Impots payés par les villages. — T. I. — Hardifort (p. 13) 4 ; Quaestraete (p. 38) 1 ; Ste-Marie-Cappel

(p. 63) 8, 9 ; Ebblinghem (p. 90) 1 ; Staple (p. 97) 1 ; Winnezeele (p. 189) 1 ; Strazeele (p. 209) 2 ; Lynde (p. 252) 1 ; Thiennes (p. 271) 1 ; Boeseghem (p. 291) 56 ; Vieux-Berquin (p. 295) 23 ; Méteren, *mémoires*... (p. 428) 1.

T. II. — Bierne (p. 181) *nota* ; Killem (p. 188) 1 ; Pitgam (p. 231) 1 ; Ledringhem (p. 263) 27 ; G^{de}-Synthe (p. 311) 1, 2, 3, 4 ; P^{te}-Synthe (p. 317) 1, 2, 3 ; Millam (p. 268) 2, 3 et suivants.

Et aussi : 2me partie. — Angest en St-Sylvestre-Cappel (p. 9) 7.

IMPOTS (Demande d'égalité d') pour toutes terres, bois, etc. — T. I. — Quaestraete (p. 47) 41 ; Oxelaere (p. 51) 2 ; Lederzeele (p. 106) 2 ; Volckerinchkove (p. 125) 11 ^{c} ; Widdebroucq (p. 148) 24 ; Wallon-Cappel (p. 159) 18 ; Steenvoorde-Marquisat (p. 166) 22 ; Watou suppl^{t} 1 (p. 184) 6 ; Winnezeele (p. 192) 16 ; Oudezeele (p. 195) 4, 13 ; Pradelles (p. 207) 17 ; Ruminghem (p. 231) 2 ; Wulverdinghe (p. 235) 3 ; Boeseghem (p. 288) 30 ; Watten suppl^{t} 1 (p. 320) 2, 5 ; La Motte-au-Bois (p. 326) 17 ; Estaires (p. 335) 2 ; Pont-d'Estaires et Doulieu (p. 345) 11, 12 ; Neuf-Berquin Vierschaere (p. 352) 5 ; Merris (p. 436) 8, 9 ; Steenwerck (Pont-d'Estaires) (p. 441) 2 ; Steenwerck (Doulieu) (p. 450) 5, 9 ; Steenwerck (Oudeneem) (p. 453) 1.

T. II. — Wormhoudt-paroisse (p. 117) 45 ; Wormhoudt-Comté (p. 123) 12 ; Herzeele (p. 130) 21 ; Socx (p. 138) 16 ; Quaedypre (p. 145) 14 ; Ghyvelde (p. 215) 10, 20, 23 ; Pitgam (p. 232) 5 ; Looberghe (p. 239) 10 ; Bissezeele (p. 249) 15 ; Esquelbecq (p. 255) 13 ; Houtkerque (p.271) 11, 14ʰ ; Leffrinkhoucke-branche (p. 330) 1, 10 ; Merckeghem (p. 378) supplᵗ (p. 381) 8.

Voir aussi : Bois imposés au cinquième.

Impots (Demande de diminution d') sur les mauvaises terres. — T. I. — Lynde (p. 257) 21.

Impots (demande d') sur les objets de luxe, domestiques, chevaux de luxe, chiens. — T. I. — Arnèke (p. 35) 16 ; Quaestraete (p. 44) 30 ; Sᵗᵉ-Marie-Cappel (p. 63) 9 ; Hondeghem (p. 151) 10 ; Boeseghem (p. 287) 27 ; Bailleul (p. 384) 23 ; Sᵗ-Donat-lez-Bailleul (p. 398) [5] ; Eecke, *subvention*... (p. 421) 1.

Et aussi : Widdebroucq (p. 148) 16.

T. II. — Herzeele (p. 129) 15 ; Coudekerque (p. 207) 12 ; Houtkerque (p. 272) 14 ; Dunkerque (p. 288) 8 ; Cahier général du Tiers Etat, *Administration générale* (p. 418) 17 ; Chapitre de Notre-Dame (p. 469) *3ᵐᵉ doléance* ; curé de Zuytpeene (p. 504) 1 ; Cahier général du clergé (p. 535).

Et aussi : Coudekerque-Branche (p. 324) 7 ; Bourbourg (p. 341) 13 ; Craywick (p. 345) 9 ; Loon (p. 350) 9 ; Cappelle-Brouck (p. 374) 6 ; Sᵗ-Pierre-Brouck (p. 355) 24 ; Sᵗ-Georges (p. 358) 14.

Impots royaux. — T. II. — Houtkerque (p. 266) 3 ; Coudekerque-Branche (p. 323) 5 ; Gravelines (p. 385) 6.

Voir aussi : Capitation.

Impots royaux (comparaison entre les) et les frais de châtellenie. — T. I. — Bollezeele (p. 138) 16 ; Morbecque (p. 249) 12.

T. II. — Killem (p. 188) 1, 2, 3, 4 ; Houtkerque (p. 266) 3, 7.

Impots. — Voir aussi : Capitation. — Deniers pour livre. — Don gratuit. — Subside extraordinaire. — Vingtièmes. — Abonnement. — Abus. — Collecteurs d'Impots. — Droits.

Incendies. — T. II. — Bergues, Bateliers et bélandriers (p. 48).

Inondations. — T. I. — Ruminghem (p. 232) 14 ; Wervicq (p. 370) 6.

T. II. — Ghyvelde (p. 211) 2, 5, 13 ; Pitgam (p. 233) 6 ; Houtkerque (p. 271) 13 ; Les Moëres (p. 279) 3 ; Leffrinkhoucke-branche (p. 330) 2 ; Merckeghem, suppl^t (p. 380) 5 ; Gravelines III, (p. 398) 2 ; Cahier de la Noblesse (p. 451) 56.

Instruction ; Ecoles académiques et bibliothèques publiques. — T. I. — Bollezeele (p. 133) 13.

T. II. — Bergues, Non corporés (p. 51) 1,2,25,33,35 ; Bergues (p. 93) ; Coudekerque (p. 207) 9 ; Dunkerque (p. 305) 65 ; Cahier général du Tiers-Etat, *Administration générale* (p. 420) 33, *Administration provinciale* (p. 423) 15 ; Cahier de la Noblesse (p. 449) 45,46 ; Chapitre de St-Amé (p. 471) 11 ; Sœurs grises de Bailleul (p. 473) ; Sœurs grises d'Hazebrouck (p. 474) 1 ; Religieux d'Hazebrouck (p. 475) 1, 2 ; Sœurs pénitentes d'Hondschoote (p. 477) ; curé d'Estaires (p. 499) 6 ; Cahier général du Clergé (p. 532).

Intendants et Subdélégués. — T. I. — Wemaers-Cappel (p. 29) 14 ; Quaestraete (p. 44) 27 ; Ste-Marie-Cappel (p. 61) 4 ; Ebblinghem (p. 90) 3 ; Staple (p. 99) 15 ; Broxeele (p. 121) 36 ; Steenvoorde-Marquisat (p. 166) 21, suppl^t 4

(p. 179) 15 ; Watou suppl^t 2 (p. 186) 1 ; Oudezeele (p. 194) 1 ; Nieurlet (p. 246) 8 ; Boeseghem (p. 285) 18 ; Estaires (p. 340) 24 ; Bailleul (p. 382) 1, 35, 36 ; St-Donat-lez-Bailleul (p. 396) 5, [2] ; Bailleul Ambacht (p. 401) 1, 2 ; Eecke, *moyens...* (p. 421) 10 ; Petit Robermetz (p. 462) 1 ; Grand Robermetz (p. 466) 14.

Et aussi : Arnèke (p. 35) 14 ; Steenvoorde-Vierschaere (p. 74) 18 ; Boeschèpe (p. 79) 6 ; Bavinchove (p. 103) 3 ; Lederzeele (p. 109) 9 ; Watou (p. 183) 18 ; Vieux-Berquin (p. 294) 14 ; St-Jans-Cappel (p. 407) 5.

T. II. — Bergues, Savetiers, *remontrances* (p. 10) 1, 2, Tanneurs (p. 12) 3, Marchands de vin (p. 37) 5, Marchands graissiers (p. 50), Non corporés (p. 54) 28 ; Marchands épiciers (p. 66), Négociants-armateurs (p. 76) 18 ; Bergues (p. 82, 87) 5 ; Wormhoudt-paroisse (p. 104) 15, 24, 25, 26 ; Wormhoudt-comté (p. 121) 4 ; Socx (p. 134) 6, 7, 8, 9^b ; Quaedypre (p. 142) 3 ; Hoymille (p. 149) 4, 5 ; Bierne (p. 179) 8^{3r}, 8$^{4r\ et\ 6r}$; Coudekerque (p. 202) 2 ; Pitgam (p. 233) 7 ; Looberghe (p. 241) 21, 22 ; Bissezeele (p. 246) 4 ; Ledringhem (p. 259) 4, 18 ; Houtkerque (p. 269) 7^b, 14^b ; Coudekerque-Branche (p. 324) 10, 13 ; Craywick (p. 347) 20 ; Loon (p. 351) 23 ; St-Pierre-Brouck (p. 355) 14 ; Gravelines III (p. 400) 5, 6 ; Cahier général du Tiers-Etat (p. 411 et suivantes) ; Cahier de la Noblesse (p. 445) 21.

Et aussi : St-Georges (p. 358) 11.

INTENDANTS DU COMMERCE. — T. I. — Bailleul (p. 385) 28.

T. II. — Cahier général du Tiers-Etat, *Commerce* (p. 430) 17.

Intérêts de l'argent. — Voir : Argent placé à intérêts.

Issue ou Ecart (Droits d'). — T. 1. — Hardifort (p. 13) 5 ; Zermezeele (p. 19) 2 ; Wemaers-Cappel (p. 27) 6 ; Quaestraete (p. 48) 45 ; Oxelaere (p. 52) 8 ; Noordpeene (p. 56) 6 ; Boeschèpe (p. 80) 24 ; Ebblinghem (p. 93) 11 ; Staple (p. 98) 2 ; Bavinchove (p. 102) J ; Broxeele (p. 115) 10 ; Rubrouck (p. 130) D ; Zeggers-Cappel (p. 141) 6 ; Hondeghem (p. 151) 8 ; Steenvoorde Marquisat (p. 162) 19, suppl^t I (p. 171) 6 ; Oudezeele (p. 196) 8, suppl^t (p. 199) 6 ; Borre (p. 203) 4 ; Pradelles (p. 206) 8 ; Zuytpeene (p. 223) 3 ; Buysscheure (p. 238) 3, 4 ; Morbecque (p. 247) 2 ; Lynde (p. 254) 5 ; Blaringhem-Flandre (p. 264) 17,18,19,20,21,22 ; Hazebrouck (p. 307) 14 ; Estaires (p. 338) 14 ; Pont d'Estaires et Doulieu (p. 344) 2 ; Eecke (p. 419) 2 ; Steenwerck (Doulieu) (p. 451) 14 ; Grand-Robermetz (p. 465) 1.

Et aussi : Arnèke (p. 34) 6 ; Ste-Marie-Cappelle (p. 64) 12 ; St-Sylvestre (p. 68) 6 ; Boeschèpe (p. 79) 11 ; Sercus (p. 86) 4 ; Wallon-Cappel (p. 157) 7 ; Watou (p. 183) 15 ; Terdeghem (p. 187) 19 ; Haverskerque et St-Floris (p. 278) 17 ; La Motte-au-Bois (p. 326) 12 ; Caestre (p. 424) 4.

T. II. — Bergues, Savetiers (p. 10) *remontrance* 3, Orfèvres (p. 13) 1, Maréchaux (p. 33) 3, Marchands de vin (p. 41 nota), Non corporés (p. 53) 18 ; Bergues (p. 90) *d* 4° ; Wormhoudt-paroisse (p. 104) 16, 18 ; Wormhoudt Comté (p. 122) 11 ; Hoymille (p. 151) 11 ; Socx (p. 137) 12 ; Quaedypre (p. 147) 28 ; Uxem (p. 155) 11 ; Bierne (p. 180) 14 ; Spycker (p. 222) 5 ; Pitgam (p. 234) 15 ; Looberghe (p. 243) 26 ; Bissezeele (p. 245)

2 ; Ledringhem (p. 261) 15 ; Houtkerque (p. 274) m ; Dunkerque (p. 301) 51 ; Grande-Synthe (p. 314) 14 ; Bourbourg (p. 341) 18 ; Craywick (p. 346) 14 ; Cappelle-Brouck suppl^t (p. 377) 3 ; Cahier général du Tiers-Etat, *Législation* (p. 426) 23 ; Cahier de la Noblesse (p. 451) 52 ; curé de Bollezeele (p. 491).

Et aussi : Loon (p. 351) 17 ; Drincham (p. 364) 3 ; 2me partie : Angest (p. 10) 8.

Jésuites. — Voir : Mainmorte (gens de).

Journaux de commerce et copie de lettres. — T. II. — Dunkerque (p. 292) 22 ; Cahier général du Tiers-Etat, *Commerce* (p. 431) 21.

Journaliers. — Voir : Courtassis.

Jours de grace pour lettres de change. — T. I. — Hazebrouck (p. 310) 45 ; Bailleul (p. 385) 30.

T. II. — Bergues Non corporés, suppl^t (p. 58) 8 ; Dunkerque (p. 289) 15.

Juifs. — Voir : Marchands étrangers.

Juridiction consulaire. — T. II. — Bergues, Maréchaux (p. 30) 4, Non corporés (p. 53) 15, (p. 52) 12 ; Bergues (p. 89) 6 ; Dunkerque (p. 289) 12, 13, 14, 17 ; St-Pierrebrouck (p. 355) 19 ; Cahier général du Tiers-Etat, *Commerce* (p. 431) 19 ; Cahier de la Noblesse (p. 446) 28.

Justice : Réduction des juges. — T. I. — Quaestraete (p. 45) 33.

T. II. — Bergues, Maréchaux (p. 30) 3.

Justice (frais de). — T. I. — Zermezeele (p. 23) 15 ; Quaestraete (p. 45) 33 ; Ste-Marie-Cappel (p. 63) 7 ; Broxeele (p. 114) 4 ; Rubrouck (p. 130) 6 ; Bollezeele (p.

131) 4 ; Winnezeele (p. 191) 14 ; Ruminghem (p. 231) 6 ; Blaringhem-Flandre (p. 260) 1 ; Boeseghem (p. 284) 13 ; Hazebrouck (p. 306) 10 ; Bailleul (p. 383) 13 ; Bailleul-Ambacht (p. 402) 4.

T. II. — Bergues (p. 89) 6 ; Wormhoudt-Comté (p. 122) 10 ; Uxem (p. 155) 12 ; Looberghe (p. 243) 24 ; Ledringhem (p. 258) 2 ; Houtkerque (p. 275) 14 ᵖ ; Mardyck (p. 307) 1 ; Petite-Synthe (p. 319) 11 ᵃ ; Eringhem (p. 366) 5 ; Cahier de la Noblesse (p. 447) 32 ; curé d'Arnèke (p. 484) *autre remontrance* ; Cahier général du clergé (p. 536).

JUSTICE MUNICIPALE. — T. I. — Bailleul (p. 387) 43, 47. — Voir aussi : MAGISTRAT COMMUNAL.

JUSTICES DES SEIGNEURS. — T. I. — Morbecque (p. 247) 1 ; Blaringhem-Flandre (p. 260) 1, 3, 4, 5 ; Estaires (p. 335) 4.

Et aussi : Haverskerque et Sᵗ-Floris (p. 278) 18, 19, 20, 21, 22 ; Pont-d'Estaires et Doulieu (p. 345) 17.

T. II. — Bergues, Maréchaux (p. 30) 3 ; |Houtkerque (p. 271) 12, 14ᵏ ; Bourbourg (p. 341) 10 ; Millam (p. 368) 2, 3 et suivants ; Cappelle-Brouck supplᵗ (p. 377) 6 ; Merckeghem supplᵗ (p. 379) 1 ; Cahier général du Tiers-Etat, *Administration provinciale* (p. 423) 13 ; Curé d'Arnèke (p. 485) 7.

KORTEGESETEN. — Voir : COURTASSIS.

LANGUE FLAMANDE. — T. II. — Bergues, Maréchaux, p. 32) 2 ; Non corporés (p. 52) 13, 14, 15, 27 ; Killem (p. 191) 12 ; Looberghe (p. 241) 16 ; Ledringhem (p. 262) 24 ; Curé de Bailleul (p. 486) 2 ; Curé de Bollezeele (p. 487).

Langue française. — T. II. — Curé de Bailleul (p. 486) 3 ; Curé de Bollezeele (p. 487).

Législation (Réforme du Code Civil et du Code Criminel). — T. I. — Nordpeene (p. 56) 5 ; Ruminghem (p. 231) 5, 6 ; Boeseghem (p. 284) 14, 17 ; Le Sart (p. 304) 12 ; La Motte-au-Bois (p. 326) 9 ; Pont d'Estaires et Doulieu (p. 345) 18 ; Warnèton 1° (p. 365) 7 ; |Bailleul (p. 403) 14.

Et aussi : Widdebroucq (p. 147) 12.

T. II. — Bergues, Maréchaux (p. 30) 5 et p. 33 ; Marchands de vins (p. 38) 9 ; Non corporés (p. 53) 15 ; Bergues (p. 89) 8 ; Uxem (p. 155) 12 ; Ledringhem (p. 258) 2 ; Dunkerque (p. 295) 32, 55 ; Coudekerque-Branche (p. 325) 16 ; Branches de Téteghem, Ghyvelde et Uxem (p. 175) 3 ; Craywick (p. 344) 4ª, 4ᵇ ; Cahier du Tiers-Etat, *Législation* (p. 410) 2, 6, 7, 8, 9, 10, 12, 13, 18 ; Cahier de la Noblesse (p. 435) 10 ; Cahier général du clergé (p. 536).

Lenglé de Schoebeque. — T. I. — Quaestraete (p. 41) 15, 23, 48 ; Nordpeene (p. 56) 9 ; Strazeele (p. 211) 17.

T. II. — Wormhoudt paroisse (p. 108) 26 ; Cahier général du clergé (p. 533).

Lettres (Port des). — T. I. — Hazebrouck (p. 308) 28, 29 ; Bailleul (p. 384) 19, 20.

T. II. — Cahier général du Tiers-Etat, *Administration générale* (p. 419) 27. — Voir aussi : Secret des lettres.

Lettres de Change, Billets de commerce. — T. I. — Bailleul (p. 385) 29, 30.

T. II. — Bergues, Non corporés, suppl^t (p. 58) 8 ; Dunkerque (p. 289) 15 ; Cahier général du Tiers-Etat, *Commerce* (p. 429) 5. — Voir aussi : Jours de grace.

Lettres de cachet et Liberté individuelle. —T. I.— Boeseghem (p. 284) 19, 20, 21, 43 ; Vieux-Berquin (p. 296) 24 ; Le Sart (p. 303) 8 ; Hazebrouck (p. 311) 51 ; Estaires (p. 340) 28 ; Warnêton (p. 365) 1° 6 ; Bailleul (p. 385) 32bis.

Et aussi : Widdebroucq (p. 148) 14 ; La Motte-au-Bois (p. 329) 32 ; Neuf-Berquin-Vierschaere (p. 353) 9.

T. II. — Bergues, Marchands de vin (p. 38) 10 ; Négociants-armateurs (p. 74) 12 ; Bergues (p. 89) 9 ; Dunkerque (p. 287) 1 ; Craywick (p. 343) 3 ; Gravelines I (p. 390) 14 ; Cahier général du Tiers-Etat, *Législation* (p. 425) 11 ; Cahier de la Noblesse (p. 441) 7 ; Abbaye de St-Winoc (p. 459) 1 ; Cahier général du Clergé (p. 537).

Et aussi : Bourbourg (p. 341) 11 ; Loon (p. 350) 3 ; St-Pierre-Brouck (p. 355) 15, 16 ; St-Georges (p. 358) 12.

Lettres de répit, surséance, sauf conduit. — T. II. — Dunkerque (p. 290) 20 ; Cahier général du Tiers-Etat, *Législation* (p. 426) 21 ; Cahier de la Noblesse (p. 449) 44.

Liberté de la presse. — T. I. — Bailleul (p. 383) 12.

T. II. — Bergues, Marchands de vin (p. 38) 8, Non corporés (p. 58) ^{3r} ; Bergues (p. 89) 10 ; St-Pierre-Brouck (p. 355) 18 ; Cahier général du Tiers-Etat, *Législation* (p. 427) 31 ; Cahier de la Noblesse (p. 442) 9.

Liberté individuelle. — Voir : Lettres de cachet.

Limites entre Flandre et Artois (Fixation des). — T. II. — Cahier général du Tiers-Etat, *Administration provinciale* (p. 423) 12.

Lods et Ventes (Droits de). — T. II. — Bergues (p. 90) 40 ; Cahier de la Noblesse (p. 448) 35 ; Mémoire concernant les Vierschaeres (p. 453).

Loi des Villes. — Voir : Magistrat communal.

Magistrat Communal. Renouvellement et élection des magistrats des villes. — T. I. — Quaestraete (p. 39) 7 ; Oxelaere (p. 51) 3 ; Steenvoorde-Vierschaere (p. 74) 16 ; Boeschèpe (p. 80) 15 ; Broxeele (p. 121) 36 ; Bollezeele (p. 131) 4, 5 ; Steenvoorde-Marquisat (p. 165) 18) ; suppl^t 4 (p. 178) 5 ^{b} ; Le Sart (p. 303) 5 ; Hazebrouck (p. 308) 22, 40 ; Estaires (p. 335) 1 ; Bailleul (p. 382) 2, 34 ; St-Donat-les-Bailleul (p. 397) [3] ; Vleninckhove (p. 416) 9 ; Merris (p. 433) 1 ; Grand-Robermetz (p. 466) 9.

Et aussi : Steenvoorde-Vierschaere (p. 73) 1, 2, 3, 4 ; Bollezeele (p. 137) 9 ^{b} ; Widdebroucq (p. 147) 6 ; Watou (p. 183) 14 ; Terdeghem (p. 187) 1, 2, 3, 12 ; Vieux-Berquin (p. 294) 5 ; Neuf-Berquin Vierschaere (p. 352) 1.

T. II. — Bergues, Savetiers, *remontrance* (p. 10) 2 ; Tanneurs (p. 12) 3 ; Pharmaciens (p. 15) 5 ; Drapiers (p. 18) 3, 5 ; Marchands de vin (p. 38) 7 ; Marchands graissiers (p. 50), Non corporés (p. 54) 28 ; Cabaretiers (p. 71) 9 ; Négociants-armateurs (p. 73) 7 ; Wormhoudt paroisse (p. 99) 4, 5, 6, 7, 8, 9, 10 ; Wormhoudt Comté (p. 121) 4 ; Socx (p. 133) 2, 8 ; Quaëdypre (p. 143) 8 ; Hoymille (p. 149) 4 ; Looberghe (p. 241) 17, 18, 19 ; Ledringhem (p. 259) 4 ; Houtkerque (p. 272) 14e ; Dunkerque (p. 305) 66 ; Mardyck (p. 308) 2 ; Bourbourg

(p. 340) 5 ; Craywick (p. 347) 20 ; Gravelines ii (p. 394) 3 ; iii (p. 400) 5 ; Cahier général du Tiers-Etat, *Administration provinciale* (p. 421) 5 ; Cahier de la Noblesse (p. 446) 26 ; Cahier général du Clergé (p. 534).

Et aussi : Uxem (p. 154) 4 ; Loon (p. 352) 27 ; Cappelle-Brouck (p. 374) 7.

Voir aussi : Offices municipaux.

Magistrat communal : Salaires, Assemblées, Députations. — T. II. — Wormhoudt-paroisse (p. 109) 28, 29, 30, 38, 39 ; Wormhoudt-comté (p. 121) 6 ; Herzeele (p. 127) 1, 2, 3, 4, 5 ; Socx (p. 133) 2ᵈ, 8, 9, 10, 11 ; Warhem (p. 197) 5 ; Coudekerque (p. 202) 1, 2, 3 ; Bissezeele (p. 247) 5 ; Ledringhem (p. 259) 5 ; Dunkerque (p. 302) 54 ; Coudekerque-Branche (p. 324) 9 ; Bourbourg (p. 340) 7 ; Cappelle-Brouck (p. 375) 9 ; Gravelines iii (p. 402) 12 ; Cahier général du Tiers-Etat, *Administration provinciale* (p. 421) 5 ; curé d'Estaires (p. 497) 1, (p. 499) 4, 5 et suivantes ; Cahier général du Clergé (p. 534).

Et aussi : T. I. — Steenvoorde-Vierschaere (p. 74) 23 ; Steenvoorde-Marquisat (p. 168) 30 ; Watou (p. 183) 20 ; Caestre (p. 425) 9 ; et t. II. — Sᵗ-Pierre-Brouck (p. 354) 7 : Sᵗ-Georges (p. 358) 7.

Magistrat communal (Autorité du). — T. II. — Wormhoudt-paroisse (p. 103) 12, 14, 31, 32 ; Herzeele (p. 127) 2, 3, 7.

Voir aussi : Assemblées communales.

Mainmorte (gens de) : Communautés religieuses, jésuites. — T. I. — Eecke, *moyens*... (p. 420) 4 ; Merris (p. 434) 3.

T. II. — Bergues, Négociants-armateurs (p. 75) 14, 15 ; Coudekerque (p. 207) 9 ; Looberghe (p. 240) 12 ; Cahier général du Tiers-Etat, *Législation* (p. 427) 37 ; *Agriculture* (p. 432) 5, suppl^t (p. 433) 5 ; Cahier de la Noblesse (p. 450) 50 ; Chapitre de St-Amé (p. 470) 5,8 ; Sœurs grises de Bailleul (p. 474) 1 ; Religieux d'Hazebrouck (p. 475) 1, 2 ; Sœurs pénitentes d'Hondschoote (p. 476 et suivantes) ; Carmes de Steenvoorde (p. 481) ; Cahier général du Clergé (p. 531-532).

Voir aussi : Biens de mainmorte.

Maitres d'écoles. — Voir : Vicaires, coutres, maitres d'écoles.

Maitres des Postes. — T. I. — Hardifort (p. 13) 4 ; Zermezeele (p. 21) 9 ; Bailleul (p. 384) 17, 18.

T. II. — Cahier général du Tiers-Etat, *Administration générale* (p. 419) 27.

Maitrise des eaux et forèts. — T. I. — Haverskerque et St-Floris (p. 277) 15 ; Hazebrouck (p. 309) 37 ; Estaires (p. 339) 24.

Marcgeldt. — T. I. — Hardifort (p. 14) 6 ; Zermezeele (p. 20) 6 ; Wemaers-Cappel (p. 26) 4 ; Sercus (p. 87) 7 ; Broxeele (p. 115) 11, (p. 116) 16 ; Bollezeele (p. 134) 20 ; Zeggers-Cappel (p. 145) 24 ; Oudezeele suppl^t (p. 199) 5 ; Buysscheure (p. 238) 3 ; Pont-d'Estaires et Doulieu (p. 344) 2 ; Petit Robermetz (p. 462) 5

Et aussi : Arnèke (p. 34) 4, 19.

T. II. — Houtkerque (p. 274) 14 *m* ; curé de Bollezeele (p. 491).

MARCHANDS ÉTRANGERS, colporteurs, juifs (défense aux), de vendre leurs marchandises. — T. I. — Zeggers-Cappel (p. 144) 21 ; Westover-en-Eecke (p. 217) 4 ; Hazebrouck (p. 310) 42 ; Caestre (p. 425) 13.

T. II. — Esquelbecq (p. 256) 17 ; Petite-Synthe (p. 321) 15 ; Branches de Téteghem, Ghyvelde et Uxem (p. 327) 10 ; Cahier général du Tiers-Etat, *Commerce* (p. 429) 16.

Voir aussi : FOIRES ET FRANCS-MARCHÉS.

MARÉCHAUSSÉE. — Voir : ARCHERS A PIED.

MARINE. — Voir : CAISSE DES INVALIDES DE LA MARINE. — CAPITAINES DES NAVIRES MARCHANDS.

MATELOTS-PÊCHEURS DES HUTTES (Gravelines). — T. II. — Les Huttes (p. 405) 1.

MÉDECINS. — Voir : DOCTEURS.

MENDIANTS. — Voir : FAINÉANTS. — PAUVRES.

MESSE (facilités pour assister à la). — T. II. — Leffrinkhoucke (p. 219) 4, 5 ; Leffrinkhoucke-branche (p. 332) 7.

MESURE DES BUCHES ET FAGOTS. — T. II. — Bergues, Boulangers (p. 22) 1.

MESURE DES GRAINS. — Voir : HALLE AUX GRAINS.

MESURES (unité des). — Voir : POIDS.

MÉTIERS. — Voir : CORPORATIONS.

MILICE. — T. I. — Zeggers-Cappel (p. 142) 8 ; Ruminghem (p. 231) 3 ; Boeseghem (p. 287) 26.

T. II. — Bergues, Non corporés suppl^t (p. 59) 12 ; Socx (p. 138) 15 ; Quaedypre (p. 147) 27 ; Killem (p. 192) 14, 18 ; Brouckerque (p. 228) 18 ; Looberghe (p. 243) 28 ;

Bissezeele (p. 249) 19 ; Esquelbecq (p. 254) 10 ; Ledringhem (p. 261) 14 ; Cappelle-Brouck (p. 374) 5 ; Cahier général du Tiers-Etat, *Administration générale* (p. 416) 9.

Et aussi : Wylder (p. 125) 6 ; T. II, 2me partie : Cahier des Porte-sacs de Dunkerque (p. 38) 1.

Mineurs. — Voir : Orphelins.

Ministres du roi (responsabilité des). — T. II. — Bergues, Négociants-armateurs (p. 73) 5 ; Bergues (p. 90) ; Dunkerque (p. 296) 38 ; Craywick (p. 344) 3.

Misère des habitants. — T. I. — Boeseghem (p. 292) 58.

Et aussi : Widdebroucq (p. 148) 26 ; Blaringhem-Fontaine (p. 300) 50.

T. II. — Bourbourg (p. 342) 23 ; St-Pierre-Brouck (p. 357) 45.

Moëres et Wateringues. — T. II. — Bergues, Non corporés (p. 55) 34 ; Négociants-armateurs (p. 74) 11 ; Socx (p. 139) 17 ; Quaedypre (p. 142) 2 ; Uxem (p. 155) 13, 16 ; Armbouts-Cappel (p. 171) 3, et Cappelle (p. 174) *identique* ; Bierne (p. 180) 8 [13] ; Ghyvelde (p. 211) 2, 3, 13, 23 ; Brouckerque (p. 223) 3 ; Looberghe (p. 239) 10 ; Les Moëres (p. 279 et suivantes) ; G^{de}-Synthe (p. 311) 2, 3, 8 ; P^{te}-Synthe (p. 317) 2 ; Coudekerque-Branche (p. 325) 11 ; Drincham suppl^t (p. 364) 6 ; Millam (p. 371) 11 ; Cappelle-Brouck (p. 373) 4 ; Merckeghem suppl^t (p. 380) 5 ; Gravelines III (p. 402) 10.

Et aussi : Téteghem (p. 175) 3 ; Steene (p. 183) 3 ; Crochte (p. 186) 3.

Monarchie constitutionnelle. — Voir : Constitution du royaume.

Monts de piété. — T. II. — Bergues, Non corporés (p. 53) 20.

Moulage. — T. I. — Wemaers-Cappel (p. 24) 1 ; Sercus (p. 86) 5 ; Ebbl.nghem (p. 90) 1 ; Bavinchove (p. 101) c ; Broxeele (p. 115) 6 ; Wallon-Cappel (p. 158) 10 ; Nieurlet (p. 243) 2 ; Haverskerque et St-Floris (p. 276) 2, 29 ; Hazebrouck (p. 307) 15 ; Estaires (p. 341) 32 ; Pont d'Estaires et Doulieu (p. 344) 1 ; Eecke, *subvention*... (p. 421) 6 ; Caestre (p. 424) 1 ; Steenwerck (Dampierre) (p. 447) 10 ; Steenwerck (Oudeneem) (p. 454) ; Nieppe (p. 455) 3 ; Petit Robermetz (p. 462) 4.

Et aussi : Arnèke (p. 34) 1 ; St-Sylvestre-Cappel (p. 69) 9 ; Lederzeele (p. 108) 6 ; Volckerinckhove (p. 123) 5 ; Bollezeele (p. 133) 11.

T. II. — Bergues, Boulangers (p. 23) 4 ; Killem (p. 194) 20 ; Brouckerque (p. 226) 12 ; Pitgam (p. 233) 10 ; Ledringhem (p. 263) 27 ; Mardyck (p. 309) 7 ; P^{te}-Synthe (p. 318) 4 ; Leffrinckoucke-Branche (p. 332) 9 ; Drincham suppl^t (p. 364) 4 ; curé de Zuytpeene (p. 504) 1.

Moulins a retordre le fil. — T. I. — Bailleul (p. 389) 55.

Moulins banaux. — Voir : Banalités.

Moulins et droits de vent. — T. I. — Broxeele (p. 118) 22 ; Hazebrouck (p. 309) 36 ; La Motte-au-Bois (p. 327) 21 ; Pont-d'Estaires et Doulieu (p. 345) 12 ;

Steenwerck (Dampierre) (p. 447) 8 ; Steenwerck (Doulieu) (p. 450) 4 ; Petit Robermetz (p. 463) 7 ; Grand Robermetz (p. 467) 17.

T. II. — Quaedypre (p. 145) 20, 21, 22.

MUNICIPALITÉS. — Voir : MAGISTRAT COMMUNAL.— OFFICES MUNICIPAUX.

NATTEDEURWAERT. — T. II. — Bergues, Non corporés (p. 52) 5.

NAVIGATION. — Voir : BERGUES, libre navigation de Bergues à la mer.

NAVIRES (Construction de). — T. II. — Dunkerque (p. 294) 27 ; Cahier général du Tiers-Etat, *Commerce* (p. 430) 12.

NECKER. — T. I. — Wallon-Cappel (p. 157) 2.
Et aussi : St-Sylvestre-Cappel (p. 68) 2 ; Sercus (p. 86) 2 ; La Motte-au-Bois (p. 325) 2.

NIDS DE CORBEAUX (destruction des). — T. I. — Hardifort (p. 17) 16 ; Wemaers-Cappel (p. 28) 10 ; St-Sylvestre-Cappel (p. 69) 17 ; Winnezeele (p. 191) 11 ; Zuytpeene (p. 224) 9.
Et aussi : Arnèke (p. 35) 11.

NOTABLES. — Voir : HOOFMAN.

NOTAIRES, TABELLIONS. — T. I. — Le Sart (p. 304) 12 ; Hazebrouck (p. 308) 21 ; Estaires (p. 341) 35, 36 ; Bailleul (p. 387) 41, 42.

T. II. — Dunkerque (p. 302) 56 ; Cahier général du Tiers-Etat, *Législation* (p. 424) 5, 27.

« NULLE TERRE SANS SEIGNEUR ». — T. II. — Dunkerque (p. 300) 48 ; Craywick (p. 345) 8 ; Cahier général du Tiers-Etat, *Législation* (p. 428) 45.

Et aussi : Coudekerque-Branche (p. 324) 8 ; Loon (p. 350) 8.

OCTROIS DES VILLES. — T. I. — Steenwerck (Doulieu) (p. 450) 3, 15.

T. II. — Bergues, Savetiers (p. 9) 4, 5, Charcutiers (p. 28), Marchands de vin (p. 38), Tailleurs (p. 43), Marchands graissiers (p. 50), Marchands épiciers (p. 65), Maîtres Bouchers (p. 67) 1, Brasseurs (p. 68) 1, 5 ; Bergues (p. 92) ; Bierne (p. 181) 8^{22} ; Pitgam (p. 233) 7 ; Looberghe (p. 238) 3 ; Houtkerque (p. 272) 14^d ; Bourbourg (p. 341) 22 ; Cahier général du Tiers-Etat, (p. 414).

OFFICES DE MAGISTRATURE réservés aux indigènes. — T. I. — Oudezeele (p. 196) 9 ; Bailleul (p. 390) 62.

T. II. — Bergues, Non corporés (p. 52) 8 ; Looberghe (p. 241) 16 ; Ledringhem (p. 262) 22.

Voir aussi : CHARGES ET BÉNÉFICES RÉSERVÉS AUX INDIGÈNES.

OFFICES MUNICIPAUX. — T. II. — Bergues (p. 86) 6 ; Houtkerque (p. 271) 10, 14^g.

Voir aussi : MAGISTRAT COMMUNAL.

OFFICES D'HUISSIERS JURÉS PRISEURS VENDEURS DE MEUBLES. — T. I. — Estaires (p. 335) 3.

T. II. — Bergues (p. 85) 5° ; Dunkerque (p. 302) 57.

OFFICIERS DE POLICE. — Voir : BAILLIS.

Ordonnances, édits, déclarations (défense d'interpréter les). — T. I. — Boeseghem (p. 284) 15.

Et aussi : T. II. — S¹-Pierre-Brouck (p. 354) 12.

Ordonnances, Placards, Affiches. — T. II.— Curé de Bollezeele (p. 490) 13.

Voir aussi : Chasse. Fusils.

Ordres mendiants. — T. I. — Haverskerque et S¹-Floris (p. 279) 27.

T. II. — Bergues, Non corporés (p.56) 42, Cabaretiers (p. 70) 3 ; curé de Bollezeele (p. 489) 12 ; curé de Borre (p. 494) 6 ; curé d'Hazebrouck (p. 502) 7 ; Cahier général du Clergé (p. 532).

Orphelins et mineurs. — T. I. — Broxeele (p. 120) 33.

T. II. — Cahier général du Tiers-Etat, *Législation* (p. 427) 30.

Pains. — Voir : Boulangers.

Pains d'abbé. — T. I. — Berthen (p. 412) 10 ; Vleninckhove (p. 416) 7 ; Steenwerck (Dampierre) (p. 447) 6.

Et aussi : Doulieu (p. 450) 8 ; Oudeneem (p. 454) 6.

Parlement de Flandre. — T. II. — Cahier de la Noblesse (p. 444) 19, 20.

Voir aussi : Dunkerque, Bourbourg et Gravelines réunis au parlement de Flandre.

Paroisses. — Voir : Directeurs des paroisses.

Paroisses en engagère. — T. I. — Bailleul (p. 390) 65 ; S¹-Jans-Cappel (p. 405) 1.

Partages mortuaires. — T. I. — Broxeele (p. 115) 7 ; Buysscheure (p. 238) 4 ; Blaringhem-Flandre (p. 265) 18, 19, 21.

Et aussi : Volckerinckhove (p. 123) 6.

T. II. — Bergues (p. 35) 5° ; Wormhout-paroisse (p. 117) 47 ; Quaëdypre (p. 147) 29 ; West-Cappel (p. 169) 7 ; Killem (p. 193) 19 ; Cahier général du Tiers-Etat, *Législation* (p. 424) 5, 30.

Et aussi : Rexpoëde (p. 167) 10 ; West-Cappel (p. 169) 10.

Pauvres, Mendiants, etc., (entretien des). — T. I. — Quaestraete (p. 46) 38 ; Ste-Marie-Cappel (p. 64) 13 ; Godewaersvelde (p. 83) 21 ; Sercus (p. 88) 13, 15 ; Ebblinghem (p. 94) 13, (p. 95) 17 ; Staple (p. 98) 6 ; Lederzeele (p. 110) 17 ; Rubrouck (p. 129) A ; Bollezeele (p. 134) 19 suppl^t (p. 137) 5, 13 ; Zeggers-Cappel (p. 142) 13 ; Hondeghem (p. 153) 19 ; Wallon-Cappel (p. 158) 12 ; Winnezeele (p. 190) 2 ; Oudezeele suppl^t (p. 198) 3 ; Pradelles (p. 207) 16 ; Messines-en-Eecke (p. 220) 8, 9 ; Zuytpeene (p. 224) 13 ; Ruminghem (p. 231) 4 ; Wulverdinghe (p. 235) 3, 6 ; Morbecque (p. 248) 4 ; Blaringhem-Flandre (p. 266) 24 ; Thiennes (p. 271) 1, 2 ; Boeseghem (p. 291) 57 ; Vieux-Berquin (p. 295) 22 ; Watten (p. 316) 15, 16. *remontrances* (p. 319) 5 ; La Motte-au-Bois (p. 327) 20, 22, 27 ; Pont-d'Estaires et Doulieu (p. 344) 7 ; La Wastine (p. 350) 3, 5 ; Neuf-Berquin-Vierschaere (p. 352) 6 ; St-Donat-lez-Bailleul (p. 398) [7] ; Bailleul-Ambacht (p. 402) 3 ; St-Jans-Cappel (p. 406) 2 ; Berthen (p. 409) 1 ; Vleninckhove (p. 415) 1 ; Meteren (p. 428) 4, *Mémoires* (p. 430) 2e ; Merris (p. 434) 3 ; Steenwerck Pont d'Estaires (p. 439) 1, 3 ; Steenwerck (Dampierre) (p. 446) 3, 17 ; Nieppe (p. 457)

6, (Oudeneem (p. 460) 1 ; Petit Robermetz (p. 463) 13 ; Grand Robermetz (p. 467) 15, 16.

Et aussi : Arnèke (p. 35) 25, 26 ; Oxelaere (p. 53) 11 ; St-Sylvestre-Cappel (p. 69) 12 ; Steenvoorde-Vierschaere (p. 74) 22 ; Widdebroucq (p. 148) 22 ; Terdeghem (p. 188) 23 ; Oudezeele (p. 195) 5 ; Strazeele (p. 210) 15 ; Doulieu (p. 450) 5 ; Oudeneem (p. 454) 3, 12.

T. II. — Socx (p. 136) 10 ; Quaedypre (p. 143) 9 ; Bambecque (p. 158) 1, 7 ; Armbouts-Cappel (p. 172) 7^b, et Cappelle (p. 174) *identique* ; Killem (p. 194) 21 ; Warhem (p. 197) 4 ^{t}, ^{v}, ^{r} ; Spycker (p. 222) 4 ; Brouckerque (p. 224) 4 ; Pitgam (p. 234) 14 ; Looberghe (p. 240) 11 ; Bissezeele (p. 247) 8 ; Esquelbecq (p. 255) 14 ; Houtkerque (p. 269) 8 ; Mardyck (p. 308) 6 ; G^{do}-Synthe (p. 312) 6, 15 ; P^{te}-Synthe (p. 318) 8, 12 ; Branches de Téteghem, Ghyvelde et Uxem (p. 328) 7 ; Millam (p. 368) 1, 8, 9 ; Cappelle-Brouck (p. 373) 2 ; Merckeghem (p. 378) ; Cahier général du Tiers-Etat, *Administration générale* (p.418) 22, *Législation* (p.427) 34 ; curé de Bambecque (p. 487) ; curé d'Eringhem (p. 495) 1, (496) 6 ; curé de Zuytpeene (p. 505) 4 ; Observations des vicaires (p. 519) 5 ; Cahier général du Clergé (p. 534).

Et aussi : Oost-Cappel (p. 164) 1 ; Rexpoede (p.166) 1 ; West-Cappel (p. 169) 1 ; Armbouts-Cappel (p. 171) 1 ; Téteghem (p. 175) 7 ; Bierne (p. 178) 7 ; Steene (p. 183) 1, 7 ; Crochte (p. 186) 1, 7 ; Coudekerque (p. 207) 6 ; Coudekerque-Branche (p. 325) 12 ; St-Pierre-Brouck (p. 357) 43 ; St-Georges (p. 358) 16 ; Eringhem (p. 366) 3.

PAUVRES (table des). — T. I. — Hardifort (p. 17) 15 ; Wemaers-Cappel (p. 32) 25 ; Quaestraete (p. 47) 41 ;

Ebblinghem (p. 95) 18 ; Rubrouck (p. 129) A ; Bollezeele suppl^t (p. 137) 13 ; Watou suppl^t (1) (p. 183) 1 ; Lynde (p. 257) 20 ; Bailleul (p. 389) 54 ; St-Donat-lez-Bailleul (p. 398) [9] ; Steenwerck (Pont-d'Estaires) (p. 439) 1 ; Steenwerck (Dampierre) (p. 447) 15 ; Steenwerck (Doulieu) (p. 451) 18.

T. II. — Bergues, Non corporés (p. 54) 23, Négociants-armateurs (p. 78) 25 ; Wormhoudt-paroisse (p. 111) 34, 38, 43, 44, 48 ; Rexpoëde (p. 166) 6 ; Téteghem (p. 177) 8 ; Bierne (p. 179) 8° ; Coudekerque (p. 202) 2, 5 ; Ghyvelde (p. 212) 4 ; Bissezeele (p. 245) 1 ; Ledringhem (p. 263) 27, 28 ; Les Moëres (p. 281) 1 ; P^{te}-Synthe (p. 318) 8 ; Gravelines III (p. 404) 16 ; Cahier général du Tiers-Etat *Législation* (p. 428) 38 ; curé d'Arnèke (p. 485) 6 ; curé de Bollezeele (p. 488) 1, (p. 492) ; curé d'Ebblinghem (p. 495) 4 ; curé d'Hazebrouck (p. 501) 8 ; Cahier général du Clergé (p. 534).

Pauvres qui viennent s'établir dans une localité dont ils ne sont pas natifs. — T. I. — Prévôté de St-Donat-lez-Bailleul (p. 396) 5 ; Bailleul-Ambacht (p. 401) 2 ; Berthen (p. 409) 1 ; Eecke, subvention (p. 421) 2.

T. II. — Ghyvelde (p. 212) 4 ; Drincham (p. 361) 3^{2e} ; Cahier général du Clergé (p. 536).

Voir aussi : Défense de batir de petites maisons.

Péages. — Voir : Tonlieu.

Pêche. — T. II. — Bergues, Non corporés (p. 52) 12, 45 ; Hoymille (p. 151) 9 ; Warhem suppl^t (p. 201) 2 ; Leffrinckouke-Branche (p. 330) 3 ; Zuydcoote (p. 335) 2 ; Gravelines III (p. 401) 7.

Pensions, gratifications. — T. I. — Boeseghem (p. 283), 9, 35, 36 ; Bailleul (p. 385) 25 ; Bailleul-Ambacht (p. 403) 12.

Et aussi : Widdebroucq (p. 148) 19, 20, 21.

T. II. — Dunkerque (p. 297) 40 ; St-Pierre-Brouck (p. 357) 40 ; Cahier général du Tiers-Etat, *Administration générale* (p. 417) 11, 12, 13, 20 ; Chapitre de Notre-Dame (p. 469) 2me *remontrance.*

Et aussi : St-Pierre-Brouck (p. 357) 39, 40, 41.

Placards. — Voir : Ordonnances. — Règlement du 4 mars 1610. — Règlement de 1673.

Placards de 1672. — T. I. — Quaestraete (p. 40) 8 ; Ebblinghem (p. 92) 8; Bavinchove (p. 104) 11: Rubrouck (p. 128) 4 ; Zeggers-Cappel (p. 141) 3 ; Winnezeele (p. 191) 12 ; Buysscheure (p. 238) 6 ; Blaringhem-Flandre (p. 261) 4 ; Méteren, *mémoires...* (p. 430) 2 ^{c} ; Merris (p. 433) 1.

T. II. — Wormhoudt-paroisse (p. 115) 40 ; Socx (p. 135) 9 ^{a} ; Warhem (p. 198) 6 ^{b} ; Bissezeele (p. 246) 3 ; Houtkerque (p. 265) 1, 14 ^{c}.

Et aussi : Coudekerque (p. 204) 3.

Poids et Mesures (unité des). — T. I. — Bollezeele (p. 133) 12 ; Bailleul (p. 387) 45 ; Berthen (p. 412) 7 ; Vlerinckhove (p. 416) 5 ; Steenwerck (Dampierre) (p. 448) 17.

Et aussi : Arnèke (p. 36) 20.

T. II. — Bergues, Non corporés (p. 52) 7 ; Bergues (p. 92) ; Brouckerque (p. 227) 16 ; Esquelbecq (p. 254) 12 ; Ledringhem (p. 259) 7 ; Houtkerque (p. 272) 14 ;

Dunkerque (p. 290) 18 ; Cahier général du **Tiers-Etat, *Commerce*** (p. 429) 6.

PONTS, ÉCLUSES (construction et entretien des). — T. I. — Boeschèpe (p. 79) 4 ; Bollezeele (p. 132) 8 ; Zeggers-Cappel (p. 145) 27 ; Wallon-Cappel (p. 158) 15 ; Steenvoorde Marquisat (p. 167) 8 ; Pradelles (p. 207) 14 ; Buysscheure (p. 239) 10 ; Lynde (p. 255) 13 ; Blaringhem-Flandre (p. 263) 11 ; Steenbecque (p.268) 2 ; Thiennes (p. 273) 8 ; Hazebrouck (p.309) 39 ; La Motte-au-Bois (328) 24.

Et aussi : Steenvoorde-Vierschaere (p. 74) 21 ; Watou-France (p. 183) 19 ; Terdeghem (p. 187) 19 ; Strazeele (p. 210) 11 ; Lynde (p. 255) 13.

T. II. — Bergues, Non corporés (p.52) 4, suppl^t (p. 59) 13 ; Bergues (p. 91) ; Herzeele (p. 128) 8 ; Coudekerque (p. 208) 13 ; Ledringhem (p. 260) 8 ; Houtkerque (p. 271) 13, (p. 275) 14^r ; Gravelines (p. 398) 2.

PORTION CONGRUE. — T. I. — Lederzeele (p. 107) 3 ; Volckerinckhove (p. 124) 11 ; Bollezeele suppl^t (p. 136) 3 ; Pradelles (p. 207) 15 ; Ruminghem (p. 232) 9 ; Buysscheure (p. 240) 13 ; Haverskerque St-Floris (p. 279) 26 ; Méteren (p. 427) 3 ; Steenwerck (Dampierre) (p. 447) [7] ; Doulieu (p. 451) 11.

T. II. — Bergues, Non corporés (p. 54) 32 ; Wylder (p. 125) 5 ; Warhem (p. 197) 4 ^{r} ; Coudekerque (p. 206) 8 ; Ghyvelde (p. 210) 1 ; Pitgam (p. 232) 2 ; Bissezeele (p. 249) 14 ; Ledringhem (p. 262) 25, 28 ; Dunkerque (p. 295) 34 ; Mardyck (p. 308) 6 ; Branche de Téteghem, Ghyvelde et Uxem (p. 328) 7 ; Millam (p. 370) 8 ; Gravelines II (p. 396) 6 ; Cahier général du Tiers-Etat, *Administration* (p. 419) 24, *Législation* (p. 427) 36 ; Abbaye de S*t*-Winoc (p. 463) 6 ; Chapitre de S*t*-Pierre (p. 465) 3 ; Curé d'Arnèke (p. 484) 5 ; Curé de Bambecque (p. 487) ; Curé de Bollezeele (p. 488) 3 ; Curé de Borre (p. 493) 1 ; Curé d'Ebblinghem (p. 494) 1 ; Curé d'Eringhem (p. 495) 1 ; Curé d'Hazebrouck (p. 501) 4 ; Curé de Zuytpeene (p. 506) 10; Curés de Vieux-Berquin et de Lederzeele (p. 508) ; Curé de Merville (p. 508, 509) ; Observations des vicaires (p. 518) ; Cahier général du Clergé (p. 527) 1, 2, 3, 4.

Voir aussi : Curés, Vicaires.

Pouvoir militaire subordonné au pouvoir civil. — T. II. — Bergues (p. 89) 12.

Présidial de Flandre. — T. I. — Steenwerck (Doulieu) (p. 451) 11.

T. II. — Dunkerque (p. 290) 17 ; Cahier général du Tiers-Etat, *Législation* (p. 423) 1.

Voir aussi : Dunkerque, Bourbourg et Gravelines réunis au Présidial de Flandre.

Presse. — Voir : Liberté de la presse.

Prison. — T. I. — Boeseghem (p. 285) 21.
T. II. — Bergues (p. 90) a.
Et aussi : S*t*-Pierre-Brouck (p. 355) 17.

Privilèges industriels (Suppression des). — T. II. — Dunkerque (p. 292) 23 ; Cahier général du Tiers-Etat, *Commerce* (p. 429) 4.

Procédure abrégée, diminution du nombre des tribunaux, etc. — T. I. — Zermezeele (p. 22) 13 ; Wemaers-Cappel (p. 31) 23 ; Quaestraete (p. 45) 34 ;

Steenvoorde-Vierschaere (p. 73) 5 ; Ebblinghem (p. 95) 19 ; Lederzeele (p. 109) 12 ; Broxeele (p. 117) 18 ; Bollezeele (p. 132) 5, suppl^t (p. 137) 12 ; Hondeghem (p. 153) 18 ; Steenvoorde-Marquisat (p. 162) 6, 15 ; Winnezeele (p. 191) 14 ; Oudezeele suppl^t (p. 200) 9 ; Borre (p. 203) 5 ; Pradelles (p. 206) 6, 12 ; Strazeele (p. 210) 6 ; Zuytpeene (p. 225) 16 ; Ruminghem (p. 231) 6 ; Buysscheure (p. 240) 12 ; Morbecque (p. 247) 1, 16 ; Lynde (p. 255) 12 : Blaringhem-Flandres (p. 260) 2 ; Boeseghem (p. 284) 13, 17 ; Hazebrouck (p. 306) 10 ; Watten *remontrances* (p. 319) 9 ; La Motte-au-Bois (p. 326) 9 ; Pont d'Estaires et Doulieu (p. 345) 18 ; Bailleul (p. 390) 61 ; Eecke (p. 220) 8.

Et aussi : Arnèke (p. 34) 23 ; Noordpeene (p. 56) 3, 4 ; Staple (p. 99) 14 ; Zeggers-Cappel (p. 142) 11 ; Widdebroucq (p. 147) 11 ; Strazeele (p. 210) 6 ; Vieux-Berquin (p. 294) 12, 13, 17 ; Caestre (p. 425) 9.

T. II. — Bergues, Non corporés (p. 55) 39 ; Bergues (p. 89) 7 ; Wormhoudt Comté (p. 122) 10 ; Socx (p. 139) 21 ; Uxem (p. 154) 7, 12 ; Bambecque (p. 162) 6 ; Armbouts-Cappel (p. 172) 8, et Cappelle (p. 174) *identique* ; Bierne (p. 178) 8 ^{r} ; Spycker (p. 221) 1 ; Esquelbecq (p. 253) 7 ; Ledringhem (p. 259) 6 ; Petite-Synthe (p. 319) 11^a ; Craywick (p. 344) 4 ^{b} ; 22 ; Eringhem (p. 366) 5 ; Curé de Renescure (p. 503) 3 ; Cahier général du Clergé (p. 536).

Et aussi : Oost-Cappel (p. 164) 5 ; Rexpoëde (p. 166) 7 ; West-Cappel (p. 169) 5 ; Téteghem (p. 177) 8 ; Steene (p. 183) 8 ; Crochte (p. 186) 8 ; Warhem (p. 199) 7 ; Coudekerque (p. 207) 11 ; Loon (p. 350) 4, (p. 352) 29 ; St-Pierre-Brouck (p. 354) 11.

Procès. — T. I. — Oxelaere (p. 53) 9, 10 ; Ste-Marie-Cappel (p. 63) 7 ; Steenvoorde-Vierschaere (p. 75) 29 ; Lederzeele (p. 105 et suivantes) 1, 10, 18 ; Broxeele (p. 120) 31 ; Zeggers-Cappel (p. 140) 2 ; Strazeele (p. 211) 17 ; Buysscheure (p. 239) 9 ; Blaringhem (p. 261) 5, 6 ; Hazebrouck (p. 309) 38 ; Watten (p. 317) 20 ; Pont d'Estaires et Doulieu (p. 339) 19 ; La Wastine (p. 349) 2 ; Bailleul (p. 388) 48, 59, 60 ; Merris (p. 434) 2.

Et aussi : Nordpeene (p. 56) 8 ; Bollezeele (p. 137) 11.

T. II. — Bergues, Drapiers (p. 18) 1, 24 ; Bergues (p. 82) ; Quaëdypre (p. 143) 6 ; Téteghem (p. 175) 6 ; Killem (p. 194) 22 ; Houtkerque (p. 272) 14 ° ; Les Moëres (p. 281) 2 ; Coudekerque-Branche (p. 324) 9 ; Abbaye de St-Winoc (p. 464) ; Chapitre de St-Pierre (p. 466) 10 ; Curé d'Arnèke (p. 482) *autre remontrance* 1 ; Curé de Bollezeele (p. 490) 13 ; Curé d'Eringhem (p. 495) 3 ; Curé d'Estaires (p. 499) 4.

Propriété (Inviolabilité de la). — T. I. — Boeseghem (p. 290) 46.

T. II. — Cahier général du Tiers-Etat, *Administration générale* (p. 420) 30 ; Abbaye de St-Winoc (p. 459) 1.

Voir : Revendication de propriété.

Publications prohibées : Théologie dite de Lyon, Gazette ecclésiastique, Livres hérétiques. — T. II. — Curé d'Eringhem (p. 495) 2 ; Curé d'Hazebrouck (p. 501) 1 ; Curé de Nordpeene (p. 503) 1, 2 ; Cahier général du Clergé (p. 526).

Publicité des comptes. — Voir Comptes.

Quatre membres (Droits des). — T. I. — Oxelaere (p. 50) 1 ; Nordpeene (p. 57) 11 ; Staple (p. 98) 5 ;

Oudezeele (p. 196) 8 ; Buysscheure (p. 237) 1 ; Morbecque (p. 250) 17 ; Blaringhem-Flandre (p. 263) 14, 16 ; Vieux-Berquin (p. 296) 25 ; Le Sart (p. 303) 4 ; Bailleul (p. 387) 40 ; St-Donat-les-Bailleul (p. 398) [11, 12].

Et aussi : Bavinchove (p. 103) 2 ; Haverskerque et St-Floris (p. 277) 12, 14

T. II. — Bergues (p. 93) ; Wormhout-paroisse (p. 103) 12 ; Wormhoudt-Comté (p. 127) 7 ; Hoymille (p. 151) 12 ; Dunkerque (p. 301) 52 ; Cappelle-Brouck, suppl^t (p. 377) 1 ; Cahier de la Noblesse (p. 448) 36, et *Mémoire* (p. 454) ; Chapitre de St-Pierre (p. 466) 9 ; Chapitre de Notre-Dame (p. 469) 3e *Doléance*.

Et aussi : Uxem (p. 154) 8.

RÉGIE (mauvaise). — Voir : ABUS.

RÈGLEMENT DU 4 MARS 1610. — T. I. — Quaestraete (p. 39) 7, 16, 24 ; Ebblinghem (p. 92) 8 ; Zeggers-Cappel (p. 140) 1 ; Winnezeele (p. 192) 15 ; Blaringhem-Flandre (p. 264) 15 ; Le Sart (p. 303) 6.

RÈGLEMENT DE 1673, POUR LA VILLE ET CHATELLENIE DE BAILLEUL. — T. I. — Prévôté de St-Donat-lez-Bailleul (p. 395) 3 ; Meteren (p. 428) 5.

RELIGION CATHOLIQUE (Maintien de la). — T. I. — Hondeghem (p. 151) 6.

Et aussi : St-Sylvestre-Cappel (p. 69) 19 ; Wallon-Cappel (p. 157) 5 ; Hazebrouck (p. 306) 6 ; La Motte-au-Bois (p. 326) 5.

T. II. — Carmes Déchaussés de Dunkerque (p. 474) 1 ; curé d'Hazebrouck (p. 501) 1 ; Cahier général du Clergé (p. 526).

Religion : Profanation des dimanches et fêtes, respect des églises, etc. — T. II. — Curé de Bailleul (p. 487) 4 ; curé de Bollezeele (p. 489) 10 ; curé d'Ebblinghem (p. 494) 3 ; curé d'Eringhem (p. 496) 5 ; curé d'Hazebrouck (p. 501) 3 ; Curé de Zuytpeene (p. 505) 6 ; Cahier général du Clergé (p. 526).

Remerciements a Sa Majesté. — T. I. — Sercus (p. 86) 1 ; Hondeghem (p. 150) 1 ; Wallon-Cappel (p. 157) 1 ; Hazebrouck (p. 306) 1.

Renchérissement des denrées, marchandises ; Disette et mauvaises récoltes. — T. I. — Quaestraete (p. 46) 39 ; Ste-Marie-Cappel suppl^t (p. 66) ; Zeggers-Cappel (p. 143) 16, 17 ; Strazeele (p. 210) 14 ; Westover-en-Eecke (p. 217) 6 ; Nieurlet (p. 244) 5 ; Morbecque (p. 250) 14 ; Estaires (p. 340) 29 ; Wervicq (p. 370) 7.

T. II. — Bergues, Savetiers (p. 9) 3, Marchands épiciers (p. 65) ; Bergues (p. 94) ; Quaedypre (p. 143) 10, 19 ; Killem (p. 188) 1 ; curé de Bollezeele (p. 488) 4 ; curé de Zuytpeene (p. 505) 3 ; curé de Gravelines (p. 514) 1.

Et aussi : 2me partie. — Porte-sacs de Dunkerque (p. 38).

Rentes foncières et seigneuriales (Suppression ou remboursement des). — T. I. — Hardifort (p. 12) 2 ; Wemaers-Cappel (p. 26) 4 ; Arnèke (p. 36) 18 ; Sercus (p. 89) 21 ; Lederzeele (p. 110) 17 ; Broxeele (p. 117) 17 ; Volckerinckhove (p. 125) 11^d ; Oudezeele, suppl^t (p. 200) 10 ; Morbecque (p. 249) 12 ; Vieux-Berquin (p. 297) 27 ; Neuf-Berquin Vierschaere (p. 354) 19 ; Eecke, *Subvention...* (p. 421) 5 ; Steenwerck (Doulieu) (p. 450) 10 ; Petit-Robermetz (p. 462) 5.

T. II. — Bergues (p. 90) c 3° ; Bierne (p. 180) 8 [16] ; Looberghe (p. 239) 8, 12 ; Houtkerque (p. 266) 3 ; Millam (p. 369) 3, 4, 5, 6 ; Cahier général du Tiers-Etat, *Législation* (p. 426) 25 ; Cahier de la Noblesse (p. 450) 51 ; Cahier général du Clergé (p. 532).

Résidence des évêques et bénéficiers. — T. I. — Buysscheure (p. 240) 14 ; Boeseghem (p. 288) 33 ; Blaringhem-Fontaine (p. 300) 48 ; Petit-Robermetz (p. 463) 8.

Et aussi : Vieux-Berquin (p. 295) 18.

T. II. — St-Pierre-Brouck (p. 356) 37, 38 ; Cahier général du Tiers-Etat, *Administration provinciale* (p. 423) 17 ; Chapitre de St-Amé (p. 470) 3 ; Curé de Borre (p. 493) 2 ; Chapelain de la Collégiale de St-Pierre (p. 512) 9 ; Cahier général du Clergé (p. 531).

Responsabilité. — Voir : Ministres du Roi.

Retraits légaux. — T. II. — Craywick (p. 345) 10 ; Cahier général du Tiers-Etat, *Législation* (p. 428) 47.

Et aussi : Loon (p. 350) 10 ; St-Pierre-Brouck (p. 355) 25.

Revendication de propriété. — T. II. — Dunkerque (p. 289) 16.

Voir : Propriété.

Rivières et Canaux. — T. I. — Hazebrouck (p. 306) 4, 9 ; Neuf-Berquin-Vierschaere (p. 352) 15 ; Wervicq (p. 369) 3 ; Bailleul (p. 388) 51 ; Berthen (p. 411) 4 ; Vleninckhove (p. 416) 4 ; Steenwerck (Dampierre) (p. 448) 16.

Et aussi : Oudeneem (p. 454) 13.

T. II. — Bergues, Non corporés (p. 52) 4, suppl^t (p. 58) 4 ; Bierne (p. 179) 8 [21] ; Ghyvelde (p. 213) 5, 14 ; Looberghe (p. 239) 10 ; Ledringhem (p. 260) 8 ; Leffrinckhoucke-branche (p. 330) 2, 3, 12 ; Zuydcoote (p. 335) 3 ; Cahier général du Tiers-Etat, *Administration générale* (p. 420) 28, *Administration provinciale* (p. 421) 2, *Commerce* (p. 431) 18, *Agriculture* (p. 432) 6 ; Cahier de la Noblesse (p. 448) 38, 56.

ROUTES, PAVÉS, CHAUSSÉES (Construction et entretien des). — T. I. — Hardifort (p. 15) 9 ; Arnèke (p. 35) 7 ; Quaestraete (p. 40) 9 ; Steenvoorde-Vierschaere (p. 74) 12, 13 ; Boeschèpe (p. 80) 20 ; Godewaersvelde (p. 83) 20 ; Sercus (p. 87) 7 ; Ebblinghem (p. 92) 9 ; Broxeele (p. 119) 30 ; Rubrouck (p. 128) 5 ; Bollezeele (p. 134) 19 ; Zeggers-Cappel (p. 143) 15 ; Hondeghem (p. 152) 15 ; Wallon-Cappel (p. 159) 19 ; Steenvoorde-Marquisat (p. 163) 11, 12, 13, 28, suppl^t I (p. 170) 1, suppl^t II (p. 172) 1, suppl^t III (p. 176) 1, suppl^t IV (p. 178) 5, 9 ; Watou (p. 183) 11, 12 ; Oudezeele suppl^t (p. 199) 4 ; Strazeele (p. 211) 18 ; Westover-en-Eecke (p. 217) 2 ; Messines-en-Eecke (p. 220) 6 ; Nieurlet (p. 244) 4 ; Morbecque (p. 248) 7 ; Lynde (p. 255) 10 ; Blaringhem-Flandre (p. 262) 10 ; Thiennes (p. 273) 11 ; Haverskerque et St-Floris (p. 278) 23, 24 ; Boeseghem (p. 291) 55 ; Vieux-Berquin (p. 295) 21 ; Hazebrouck (p. 308) 26, 47 ; La Motte-au-Bois (p. 327) 19 ; Estaires (p. 339) 23 ; Neuf-Berquin-Vierschaere (p. 353) 17 ; Warnèton (p. 366) 3° ; Bailleul (p. 388) 52 ; St-Jans-Cappel (p. 406) 3 ; Eecke (p. 418) 1 ; Steenwerck (Pont d'Estaires) (p. 442) 5 ; Steenwerck (Dampierre) (p. 447) 14 ; Steenwerck (Doulieu) (p. 451) 13 ; Petit-Robermetz (p. 464) 20.

Et aussi : Lederzeele (p. 110) 15 ; Terdeghem (p. 187) 11 ; Haverskerque et St-Floris (p. 277) 9 ; Oudeneem (p. 454) 11.

T. II. — Bergues, Non corporés, suppl^t (p. 58) 5 ; Bierne (p. 179) 8 [10] ; Killem (p. 190) 8 ; Warhem (p. 199) 10 ; Coudekerque (p. 205) 5 ; Esquelbecq (p. 254) 10 ; Grande-Synthe (p. 312) 3 ; Coudekerque-Branche (p. 325) 14 ; Bourbourg (p. 342) 24 ; Loon (p. 351) 19 ; Cahier général du Tiers-Etat, *Administration provinciale* (p. 421) 2 ; *Agriculture* (p. 432) 6 ; Curé de Bailleul (p. 486) 2.

Rues et ruisseaux (Élargissement des) ; Destruction des aunelles. — T. I. — Hardifort (p. 15) 10 ; Quaestraete (p. 47) 42 ; Oxelaere (p. 51) 5 ; Ste-Marie-Cappel (p. 62) 4 [c] ; St-Sylvestre-Cappel (p. 69) 21 ; Ebblinghem (p. 93) 12 ; Broxeele (p. 119) 25 ; Wulverdinghe (p. 236) 8 ; Haverskerque et St-Floris (p. 277) 4 ; Eecke, *Subvention* (p. 442) 9 ; Steenwerck (Pont d'Estaires) (p. 443) 6 ; Doulieu (p. 451) 20.

T. II. — Wylder (p. 125) 7 ; Quaëdypre (p. 146) 23 ; Hoymille (p. 150) 7 ; Killem (p. 193) 17 ; Ledringhem (p. 260) 9 ; Houtkerque (p. 273) 14 [b] ; Cahier général du Tiers-Etat, *Administration provinciale* (p. 421) 3 ; *Agriculture* (p. 431) 2 ; Curé de Bollezeele (p. 490) 15 ; Curé de Renescure (p. 504) 4.

Salaire des ouvriers. — T. II. — 2e partie. Porte sacs de Dunkerque (p. 37).

Secret des lettres. — T. I. — Steenvoorde-Marquisat suppl^t 4 (p. 178) 3.

T. II. — Bergues, Négociants-armateurs (p. 74) 12 ;

Cahier général du Tiers-Etat, *Administration générale* (p. 419) 27 ; Cahier de la Noblesse (p. 442) 8.

Sel. — T. II. — Bergues, Non corporés (p. 56) 45.

Voir aussi : Gabelle. — Négociants (p. 76) 20 ; Gravelines i (p. 384) 6 ; Chapelains de la Collégiale de St-Pierre (p. 511) 2.

2° partie. — Porte-sacs de Dunkerque (p. 37).

Sergents. — Voir : Archers a pied.

Soldats traités plus humainement. — T. I. — Boeseghem (p. 289) 38.

T. II. — Cahier général du Tiers-Etat, *Administration générale* (p. 416) 10.

Sortie. — Voir : Droits de sortie.

Subdélégués des Intendants. — Voir : Intendants. — Lenglé de Schoebèque.

Subside extraordinaire. — T. I. — Bailleul (p. 393) 2 ; Prévôté de St-Donat-lez-Bailleul (p. 395) 2.

Succession des batards et déshéritances. — T. II. — Wormhoudt-paroisse (p. 105) 17, 18.

Synodes et Conciles. — T. II. — Cahier général du Clergé (p. 527).

Tabac. — T. I. — Ruminghem (p. 231) 7 (*sic*) ; Morbecque (p. 250) 15 ; Eecke, *subvention...* (p. 421) 4.

T. II. — Craywick (p. 346) 15 ; Gravelines i (p. 385) 6 ; Cahier de la Noblesse (p. 447) 29.

Et aussi : Loon (p. 351) 20.

Voir aussi : Ferme du tabac.

TABELLIONS. — Voir : NOTAIRES.

THÉOLOGIE DE LYON. — Voir : PUBLICATIONS PROHIBÉES.

TIERS-ETAT (Cahiers du) ; Doléances, etc. — T. I. — Steenvoorde-Marquisat supp^t 4 (p. 178) 4 ; Hazebrouck (p. 311) 52 ; Neuf-Berquin-Vierschaere (p. 353) 10.

T. II. — Bergues, Marchands de vin (p. 37) 3 ; Gravelines II (p. 392) 1 ; Cahier général du Tiers-Etat (p. 410 et suivantes) ; Cahier général du Clergé (p. 523).

TOILES. — T. II. — Bergues, Non corporés (p. 56) 40, suppl^t (p. 59) 17 ; Cahier général du Tiers-Etat, *Commerce* (p. 430) 8 ; Cahier général du Clergé (p. 535).

TONLIEU, PÉAGE, DROITS DE PAVÉ. — T. I. — Wemaers-Cappel (p. 27) 5 ; Boeschèpe (p. 80) 23 ; Broxeele (p. 116) 12 ; Bollezeele (p. 134) 20 ; Zeggers-Cappel (p. 145) 24 ; Oudezeele suppl^t (p. 199) 5 ; Buysscheure (p. 238) 5 ; Lynde (p. 256) 16 ; Wervicq (p. 369) 3, 5 ; Petit Robermetz (p. 462) 5.

Et aussi : Arnèke (p. 34) 4, 19.

T. II. — Bergues, Non corporés (p. 52) 5, 6 ; Houtkerque (p. 274) 14 M ; Craywick (p. 345) 13 ; Gravelines I (p. 389) 13, Gravelines III (p. 399) 3 ; Cahier général du Tiers-Etat, *Administration générale* (p. 415) 4, *Commerce* (p. 430) 10 ; Cahier de la Noblesse (p. 448) 37, 39.

Et aussi : Loon (p. 351) 16.

TRAITES, BARRIÈRES DOUANIÈRES, etc. — T. I. — Wemaers-Cappel (p. 25) 2 ; Sercus (p. 87) 10 ; Ebblinghem (p. 92) 7 ; Hondeghem (p. 151) 5 ; Oudezeele suppl^t (p. 198) 2 ; Vieux-Berquin (p. 298) 30 ; Estaires

(p. 240) 25 ; Bailleul (p. 385) 32 ; Merris (p. 435) 6.

Et aussi : Arnèke (p. 34) 2 ; Bollezeele (p. 133) 11 ; Le Sart (p. 304) 13; La Motte-au-Bois (p. 326) 8 ; Neuf-Berquin-Vierschaere (p. 353) 8 ; St-Jans-Cappel (p. 408) 7 ; Oudeneem-en-Steenwerck (p. 454) 14 ; Grand-Robermetz (p. 465) 3.

T. II. — Bergues, Non corporés suppl^t (p. 58) 9° ; Bergues (p. 89) 13 ; Loon (p. 351) 23 ; Cahier général du Tiers-Etat, *Administration générale* (p. 417) 15 ; Cahier de la Noblesse (p. 447) 29 ; Chapitre de St-Pierre (p. 466) 8 ; Chapelains de la Collégiale de St-Pierre (p. 511) 1 ; Cahier général du Clergé (p. 535).

Et aussi : T. II. — 2me partie.— Angest en St-Sylvestre-Cappel (p. 9) 5.

Traité de 1769. — T. I. — Steenwerck (Oudeneem) (p. 453) 1 ; Nieppe (p. 455) 3.

Traité du 18 novembre 1779. — T. I. — Watou (p. 181) 1, 2, 3, suppl^t 1 (p. 184) 3, 4 ; Bailleul (p. 383) 9, 37, *Mémoires et Doléances* (p. 392) 1 ; Bailleul-Ambacht (p. 402) 8.

T. II. — Cahier général du Tiers-Etat, *Administration générale* (p. 420) 29.

Traité de 1786 avec l'Angleterre et traité de navigation. — T. I. — Hondeghem (p. 152) 16.

Et aussi : Hazebrouck (p. 306) 7.

T. II. — Dunkerque (p. 294) 26 ; Cahier général du Tiers-Etat, *Commerce* (p. 429) 7, 13 ; Cahier de la Noblesse (p. 449) 41.

Transit général pour tout le royaume. — T. II. — Dunkerque (p. 290) 21 ; Cahier général du Tiers-Etat, *Commerce* (p. 429) 7.

Transports (Nombre des) demandés dans la châtellenie de Cassel. — T. I. — Steenvoorde-Vierschaere (p. 74) 20 ; Boeschèpe (p. 79) 10 ; Steenvoorde-Marquisat (p. 166) 24 ; Terdeghem (p. 187) 17.
Voir : Cadastre.

Travaux publics. — Voir : Armée employée aux travaux publics.

Tribunaux prévotaux. — T. I. — Bailleul (p. 384) 22 ; Vleninckhove (p. 416) 12.

Tribunaux d'exception. — T. II. — Bergues, Maréchaux (p. 30) 4 ; Dunkerque (p. 288) 11 ; Loon (p. 351) 23 ; Cahier général du Tiers-Etat, *Législation* (p. 423) 1 ; Cahier de la Noblesse (p. 444) 19 ; Cahier général du Clergé (p. 536).

Troupes et logement (Passage des.) — T. I. — Prévôté de St-Donat-lez-Bailleul (p. 396) 4 ; Bailleul-Ambacht (p. 402) 4.

T. II. — Bergues, Cabaretiers (p. 70) 2, 10 ; Négociants-armateurs (p. 79) 26 ; Cahier général du Tiers-Etat, *Administration générale* (p. 416) 8.

Tuage. — T. I. — Hardifort (p. 11) 1 ; Wemaers-Cappel (p. 24) 1 ; Quaestraete (p. 48) 46 ; Staple (p. 99) 17 ; Bavinchove (p. 101) c ; Broxeele (p. 113) 2 ; Zeggers-Cappel (p. 145) 25, 29 ; Wallon-Cappel (p. 158) 17 ; Ochtezeele (p. 227) 3 ; Nieurlet (p. 243) 2 ; Vieux-Berquin (p. 297) 26 ; Pont d'Estaires et Doulieu (p. 344) 1 ; Neuf-Berquin-Vierschaere (p. 353) 16, 18 ; Eecke, *subvention..* (p. 421) 6 ; Caestre (p. 424) 1 ; Steenwerck (Oudeneem) (p. 454) 2 ; Petit Robermetz (p. 462) 4.

Et aussi : Arnèke (p. 34) 1 ; St-Sylvestre-Cappel

(p. 69) 9 ; Volckerinckhove (p. 123) 2 ; Lederzeele (p. 108) 6 ; Bollezeele (p. 133) 11.

T. II. — Bergues, Maîtres-Bouchers (p. 68) 4 ; Socx (p. 139) 20 ; Quaedypre (p. 146) 25 ; Crochte (p. 186) 9 ; Killem (p. 194) 20 ; Brouckerque (p. 227) 14 ; Looberghe (p. 237) 1 ; Mardyck (p. 309) 8 ; G^{de}-Synthe (p. 314) 13 ; P^{te}-Synthe (p. 318) 5 ; Drincham suppl^t (p. 364) 4 ; curé de Bollezeele (p. 491).

Union des Villes et des Chatellenies. — T. I.— Bailleul (p. 388) 50.

T. II. — Bergues, Maîtres-Bouchers (p. 68) 3 ; Bergues (p. 82-93) ; Wormhoudt-paroisse (p. 98) 1, 2, 3, 4, 5, 6, 7, 17, 20, 21, 27, 33, 40 ; Wormhoudt-Comté (p. 121) 3 ; Herzeele (p. 127) 1 ; Socx (p. 132) 1, 2, 9^b ; Téteghem (p. 177) 8^b ; Bierne (p. 179) 8^a ; Steene (p. 185) 12 ; Warhem (p. 198) 6^b ; Coudekerque (p. 202) 2 ; Brouckerque (p. 226) 11, 15 ; Bissezeele (p. 245) 2 ; Esquelbecq (p. 252) 5^a, 8 ; Ledringhem (p. 259) 3 ; Houtkerque (p. 266) 1, 14e ; Bourbourg (p. 340) 5 ; Craywick (p. 347) 20 ; Drincham (p. 360) 1, 4 ; Cappel-Brouck (p. 374) 8, 13 ; Cahier général du Tiers-Etat, *Administration provinciale* (p. 421) 4, 9 ; suppl^t (p. 432) 1, 2, 3, 4.

Et aussi : Hoymille (p. 149) 3 ; Uxem (p. 154) 3 ; Loon (p. 352) 27 ; St-Pierre-Brouck (p. 354) 6 ; St-Georges (p. 358) 6 ; Eringhem (p. 366) 1.

Universités. — Voir : Gradués.

Vaches et autres bêtes a cornes (Paisson des). — T. II. — Drincham (p. 362) 4 ; Eringhem (p. 366) 4.

Vaclage. — T. I. — Hardifort (p. 11) 1 ; Wemaers-Cappel (p. 24) 1 ; Arnèke (p. 35) 16 ; Quaestraete

(p. 48) 46 ; Staple (p. 99) 16 ; Bavinchove (p. 101) c, 1 ; Broxeele (p. 113) 1 ; Zeggers-Cappel (p. 145) 25, 29 ; Wallon-Cappel (p. 158) 17 ; Ochtezeele (p. 227) 3 ; Nieurlet (p. 243) 2 ; Vieux-Berquin (p. 297) 26 ; Hazebrouck (p. 307) 15 ; Pont-d'Estaires et Doulieu (p. 344) 1 ; Neuf-Berquin-Vierschaere (p. 353) 16, 18 ; Eecke, *subvention*... (p. 421) 6 ; Caestre (p. 424) 1 ; Steenwerck (Oudeneem) (p.454) 2 ; Petit Robermetz (p.462) 4.

Et aussi : Arnèke (p. 34) 1 ; St-Sylvestre (p. 69) 9 ; Lederzeele (p. 108) 6 ; Volckerinckhove (p. 123) 1 ; Bollezeele (p. 133) 11.

T. II. — Herzeele (p. 130) 23 ; Socx (p. 139) 20 ; Quaedypre (p. 146) 25 ; Crochte (p. 186) 9 ; Killem (p. 194) 20 ; Coudekerque (p. 207) 12 ; Brouckerque (p. 227) 14 ; Looberghe (p. 237) 1 ; Ledringhem (p. 260) 11 ; Mardyck (p. 309) 8 ; G^{de}-Synthe (p. 314) 13 ; P^{te}-Synthe (p. 318) 5 ; Drincham suppl^t (p. 364) 4 ; Millam (p. 370) 9^b ; curé de Bollezeele (p. 491).

Vagabonds. — Voir : Fainéants.

Vénalité des charges de judicature. — T. I. — Quaestraete (p. 45) 32 ; Ruminghem (p. 232) 8 ; Boeseghem (p. 284) 16 ; Hazebrouck (p. 307) 12 ; La Motte-au-Bois (p. 326) 13, 14.

Et aussi : Widdebroucq (p. 147) 13.

T. II. — Bergues, Maréchaux (p. 29) 1, Non corporés (p. 55) 36 ; Bergues (p. 89) 6 ; **Wormhoudt-Comté** (p. 122) 9 ; Mardyck (p. 308) 4 ; P^{te}-Synthe (p. 319) 11 ; St-Pierre-Brouck (p. 354) 13 ; Cahier général du Tiers-Etat, *Législation* (p.415) 3,4,48 ; Cahier de la Noblesse (p. 447) 31.

Et aussi : **Wormhoudt-Comté** (p. 122) 9 ; Hoymille

(p. 151) 10 ; Uxem (p. 154) 7 ; St-Pierre-Brouck (p. 354) 13.

Vent (droits de). — Voir : Moulins.

Vicaires, coutres d'églises et maitres d'écoles. — T. I. — Ste-Marie-Cappel suppl^t (p. 66) ; Sercus (p. 87) 12 ; Staple (p. 99) 11 ; Volckerinckhove (p. 124) 10 ; Bollezeele suppl^t (p. 137) 5 ; Zeggers-Cappel (p. 142) 13 ; Winnezeele (p. 190) 3, 12 ; Buysscheure (p. 240) 13 ; Morbecque (p. 248) 4 ; Lynde (p. 253) 2 ; Haverskerque et St-Floris (p. 279) 26.

Et aussi : Arnèke (p. 35) 11 ; Oxelaere (p. 53) 11 ; Oudezeele (p. 195) 5.

T. II. — Bergues, Non corporés (p. 53) 17 ; Wormhoudt-paroisse (p. 111) 34 ; Wylder (p. 125) 1 ; Socx (p. 138) 14 ; Bambecque (p. 158) 2 ; Armbouts-Cappel (p. 171) 2, et Cappelle (p. 174) *identique* ; Bierne (p. 179) 8e ; Coudekerque (p. 206) 8 ; Ghyvelde (p. 210) 1 ; Brouckerque (p. 228) 17 ; Pitgam (p. 232) 2 ; Bissezeele (p. 249) 14 ; Ledringhem (p. 262) 25 ; Houtkerque (p. 269) 8, 14e ; Mardyck (p. 309) 9 ; Branches de Téteghem, Ghyvelde et Uxem (p. 329) 12 ; Drincham suppl^t (p. 364) 5 ; Millam (p. 370) 8 ; Cappelle-Brouck (p. 373) 1, 2 ; Merckeghem (p. 378) ; Cahier général du Tiers-Etat, *Législation* (p. 427) 34 ; Chapitre de St-Pierre (p. 465) 4 ; curé de Bollezeele (p. 488) 4 ; curés de Vieux-Berquin et de Lederzeele (p. 507) ; ecclésiastiques de Gravelines (p. 514) 1, 2, 13 ; Clergé d'Hondschoote (p. 516) 1 et suivants ; Cahier général du Clergé (p. 528) 4.

Et aussi : Téteghem (p. 175) 2 ; Bierne (p. 178) 2 ;

Steene (p. 183) 2 ; Crochte (p. 186) 2 ; Coudekerque-Branche (p. 325) 12.

Voir aussi : Curés.

VIERSCHAERES. — T. I. — Wemaers-Cappel (p. 28) 9 ; Quaestraete (p. 41) 12, 20, 22 ; Oxelaere (p. 51) 4 ; Nordpeene (p. 55) 1 ; Steenvoorde-Vierschaere (p. 73) 5 ; Boeschèpe (p. 78) 1, 22 ; Sercus (p. 86) 3 ; Ebblinghem (p. 91) 4, 14 ; Staple (p. 99) 9, 10 ; Bavinchove (p. 102) I, 11 ; Lederzeele (p. 108) 5, 11 ; Bollezeele (p. 132) 7 ; Zeggers-Cappel (p. 141) 4 ; Hondeghem (p. 151) 12 ; Wallon-Cappel (p. 159) 20 ; Steenvoorde-Marquisat (p. 164) 14, 16, 17, suppl^t I (p. 170) 2, suppl^t II (p. 172) 1, 2, suppl^t IV (p. 178) 6, 7 ; Zuytpeene (p. 223) 6, 15 ; Morbecque (p. 248) 6 ; Lynde (p. 253) 4 ; Blaringhem-Flandre (p. 261) 6, 7, 8 ; Boeseghem (p. 290) 47 ; Eecke, *moyens...* (p. 420) 1.

Et aussi : Arnèke (p. 35) 4, 10 ; Ste-Marie-Cappel (p. 61) 3 ; Volckerinckhove (p. 124) 9 ; Widdebroucq (p. 148) 24 ; Haverskerque et St-Floris (p. 277) 5, 6, 7.

T. II. — Cahier de la Noblesse (p. 448) 35, et *Mémoires* (p. 452).

VILLES. — Voir : Enclavements dans les villes.— Offices municipaux. — Magistrat communal. — Union des villes et des chatellenies.

VIN. — Voir : Boissons.

VINGTIÈMES. — T. I. — Bavinchove (p. 102) E ; Broxeele (p. 115) 8 ; Bollezeele (p. 132) 9 ; Lynde (p. 252) 1 ; Estaires (p. 338) 16 ; St-Donat-lez-Bailleul (p. 398) [8] ; Steenwerck (Dampierre) (p. 447) 13 ; Petit Robermetz (p. 462) 2.

T. II. — Bergues, Charcutiers (p. 26), Marchands de vin (p. 39) 12, 17, Marchands épiciers (p. 66); Négociants-armateurs (p. 75) 15 ; Killem (p. 189) 4, 6 ; Coudekerque (p. 206) 8 ; Ledringhem (p. 263) 27 ; Houtkerque (p. 266) 3 ; P^{te}-Synthe (p. 317) 3 ; Branches de Téteghem, Ghyvelde et Uxem (p. 328) 11 ; Craywick (p. 346) 18 ; curé de Bollezeele (p. 491).

Et aussi : Loon (p. 353) 30.

Visite des chemins. — Voir : Chemins.

Voyages. — Voir : Députations.

Wateringues. — Voir : Moëres.

ERRATA

T. I. *à l'astérisque.* — « Une partie de cette paroisse (St-Silvestre-Cappel) portait le nom d'Hillewals-Cappel ». En réalité, tout le village avait porté autrefois cette dénomination.

T. I. (p. 84) note 2. — On a mal interprêté les mots « Rangée de dîmes ». C'était une division territoriale de la paroisse, au point de vue de la levée des dîmes. M. Eugène Cortyl, qui nous a signalé cette erreur, a bien voulu nous communiquer copie du document suivant : « Extrait des fermages des dîmes du village de Watou, de 15 années, depuis et compris 1775 jusque 1789, lesquelles contiennent en totalité douze cantons, chaque canton divisé en quatre rangées : le canton dit Beauvoordehouck. Première rangée appelée Wittebrood Reke (rangée du pain blanc) ; deuxième rangée appelée Heuzel Reke (rangée d'Heuzel) ; troisième rangée appelée Stok Reke (rangée du bâton) ; quatrième rangée appelée Golge Reke (rangée du pilori) », etc…

T. I. (p. 127) note 1. — C'est par erreur que nous avons dit que le préambule du Cahier de Rubroucq devait tenir lieu de procès-verbal. Aux Archives départementales (registre 67), nous avons retrouvé ce procès-verbal, dont les indications essentielles sont les suivantes :

« Le 24 mars 1789, en l'auditoire de cette paroisse, par devant les hoofdman et asséeurs ;

» 300 feux ;

» Députés : Joseph Pierens, Martin Monsterleet, Benoît-Louis Morel ».

T. I. (p. 254) note 2. — La note n'est pas tout à fait exacte. Elle doit être rectifiée dans ce sens : « Les partageurs, les gardes orphènes et les notaires existaient bien avant la domination française, mais ils étaient sous la dépendance étroite des échevinages. La conquête française augmenta surtout la situation des notaires. L'édit d'avril 1675, en créant le tabellionnage, donna plus de crédit aux notaires, mieux recrutés, et dépouilla les échevins des seigneuries et des villages du droit d'authentiquer les actes ».

T. I. (p. 431) note 2. — Il ne s'agit pas des archers à pied. M. Eugène Cortyl nous a fait très justement observer que « marche à pied » doit se lire « marchepied ». En Flandre maritime, on appelle « marchepied » une sorte de trottoir ménagé le long des chemins boueux et peu praticables pendant les périodes de pluie. Ces marchepieds se composaient ordinairement de grosses pierres de grès d'environ 70^c de long sur 30^c de large. Elles étaient espacées de 30 à 40 centimètres. On les appelait « pierres de pas » ou « stopsteenen ». Il s'était fondé des associations ou gildes, ou confréries, qui avaient pour objet d'établir et d'entretenir ces marchepieds. Quelques-unes de ces confréries, dit M. Eugène Cortyl, possédaient même des biens qui furent confisqués sous la Révolution. Par exemple à Bailleul, les Steengilden de la Folije Straat, de la Ballasche Straat, etc.

T. II. 1re partie (p. 115) note 1. — Le décret du comte de Monterey n'est pas le placard du 30 juillet 1672, mais le règlement du 16 mai 1672, pour faire imposer sur un pied uniforme les bois et forêts sujets aux impositions.

ERRATA

T. II. 2ᵉ partie (p. 124). — COMMUNAUTÉS RELIGIEUSES. — Au lieu de : Voir GENS DE MAINMORTE, lire : Voir MAINMORTE (Gens de).

T. II. 2ᵉ partie (p. 126) ligne 1. — Au lieu de : OFFICIERS MUNICIPAUX, lire : OFFICES MUNICIPAUX.

T. II. 2ᵉ partie (p. 134) ligne 9. — Au lieu de : REPAS DES ÉCHEVINS, DÉPENSES DE BOUCHE, lire : DÉPENSES DE BOUCHE, REPAS DES ÉCHEVINS.

T. II. 2ᵉ partie (p. 151). — GRAINS. — lire : Voir MESURE DES GRAINS.

TABLE DES MATIÈRES

contenues dans le Tome second (2me partie)

Appendice...	8
ANNEXE I. — Cahier d'Angest en Saint-Sylvestre-Cappel.............................	8
ANNEXE II. — Documents relatifs à la rédaction du Cahier du Tiers-Etat de la ville de Bergues........................	10
ANNEXE III. — Documents relatifs à la rédaction du Cahier du Tiers-Etat de la ville de Dunkerque.......................	36
ANNEXE IV.— Note sur la carte, insérée au Tome II 1re partie............................	75
Glossaire	77
Table générale des Cahiers.......................	103
Table des matières contenues dans les Cahiers.	109
Errata	199

DUNKERQUE. — IMPRIMERIE PAUL MICHEL.

DUNKERQUE. — IMPRIMERIE PAUL MICHEL.

www.ingramcontent.com/pod-product-compliance
Lightning Source LLC
Chambersburg PA
CBHW061303110426
42742CB00012BA/2030